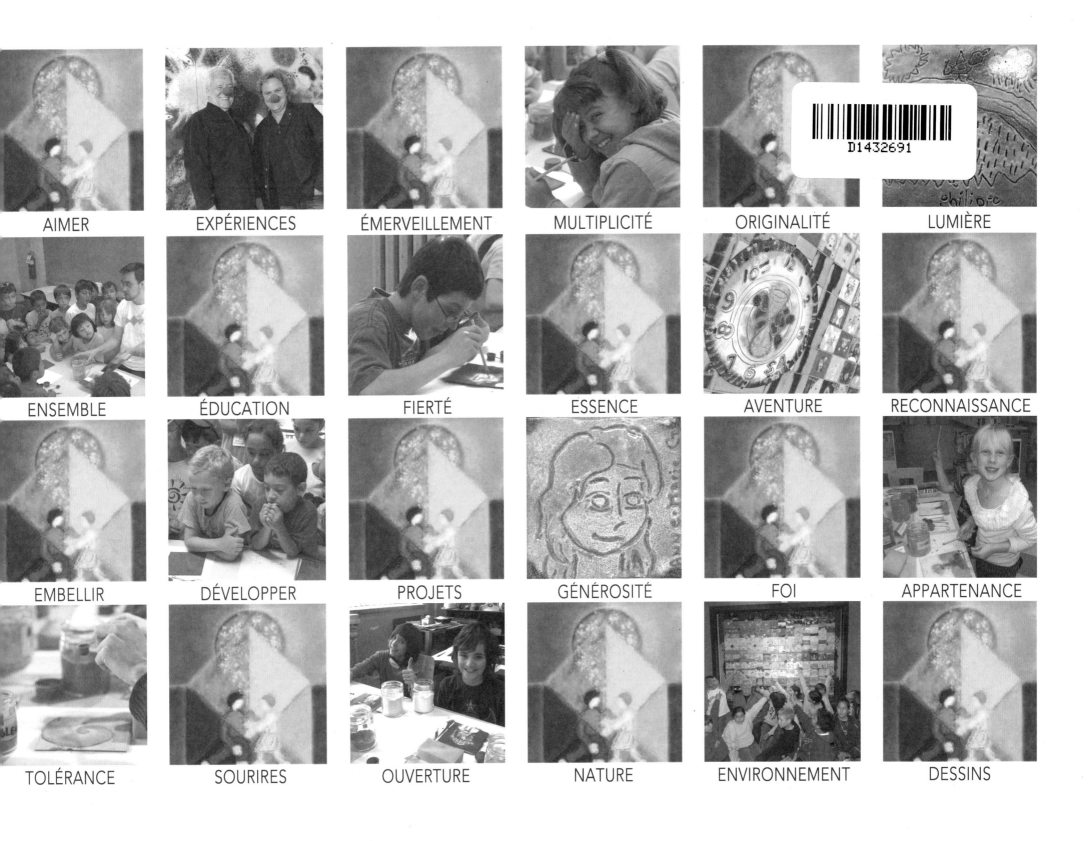

AIMER

EXPÉRIENCES

ÉMERVEILLEMENT

MULTIPLICITÉ

ORIGINALITÉ

LUMIÈRE

ENSEMBLE

ÉDUCATION

FIERTÉ

ESSENCE

AVENTURE

RECONNAISSANCE

EMBELLIR

DÉVELOPPER

PROJETS

GÉNÉROSITÉ

FOI

APPARTENANCE

TOLÉRANCE

SOURIRES

OUVERTURE

NATURE

ENVIRONNEMENT

DESSINS

Espace Enfant

SÉGUIN POIRIER

Carmen Poirier

Espace Enfant

SÉGUIN POIRIER

TOME 1

MARCEL BROQUET

La nouvelle édition

Catalogage avant publication de Bibliothèque et Archives nationales du Québec et Bibliothèque et Archives Canada

Poirier, Carmen, 1955-
    Espace-Enfant : l'œuvre de Bernard Séguin Poirier
    (Collection Profils)
    L'ouvrage complet comprendra 2 v.
    Comprend des références bibliographiques.

    ISBN 978-2-89726-062-0 (v. 1)
    1. Espace-Enfant (Projet) - Histoire. 2. Art - Étude et enseignement (Primaire) - Québec (Province). 3. Créativité chez l'enfant.
    I. Séguin Poirier, 1949-. II. Titre. III. Collection: Collection Profils.

N365.C2P64 2013   372.509714   C2013-940687-5

Pour l'aide à la réalisation de son programme éditorial, l'éditeur remercie la Société de Développement des Entreprises Culturelles (SODEC), le Programme de crédit d'impôt pour l'édition de livres – gestion SODEC ainsi que le Gouvernement du Canada pour son aide en regard du programme du fonds du livre du Canada.

SODEC
Québec

Marcel Broquet Éditeur
351, Chemin du Lac Millette, Saint-Sauveur (Québec) Canada J0R 1R6
Téléphone : 450 744-1236
marcel@marcelbroquet.com • www.marcelbroquet.com

Révision : Christine St-Laurent
Conception de la couverture : Bernard Séguin Poirier et Anaëlle Lepont
Mise en page : Anaëlle Lepont et Alejandro Natan

Distribution : Messageries ADP
2315, rue de la Province Longueuil (Québec) J4G 1G4, Canada
Téléphone : 450 640-1234 • www.messageries-adp.com

Distribution pour la France et le Benelux :
DNM Distribution du Nouveau Monde
30, rue Gay-Lussac, 75005, Paris
Tél. : 01 42 54 50 24 Fax : 01 43 54 39 15
Librairie du Québec
30, rue Gay-Lussac, 75005, Paris
Tél. : 01 43 54 49 02
www.librairieduquebec.fr

Distribution pour la Suisse :
Diffusion Transat SA
Case postale 3625
CH-1211 Genève 3
Tél. : 41 22 342 77 40
Fax : 41 22 343 46 46
transat@transatdiffusion.ch

Pour tous les autres pays:
Marcel Broquet Éditeur
351 Chemin Lac Millette, Saint-Sauveur
(Québec) Canada J0R 1R6
Téléphone : 450 744-1236
marcel@marcelbroquet.com
www.marcelbroquet.com

Diffusion – Promotion :
r.pipar@phoenix3alliance.com

Dépôt légal : 3e trimestre 2013

Bibliothèque et Archives nationales du Québec
Bibliothèque et Archives Canada
Bibliothèque nationale de France

Table de matières

Maria-Daniela-Dimitre-Raymond-Carlos-Paul-Leila-Gabriella-Louis-Philippe-Liane-Céline-Dominic-Claude-Spiro-Elisabeth-Farokh-
Eugeniya-Iem-Michael-Elie-Isabelle-Dominic-Nicolas-Brendon-Adrienne-Karl-Marla-Arnaud-Pierrick-William-Marc-Sélim-Leila-Mélina-
Justine-Robin-Hugo-Alain-Maude-Ariane-Vincent-Mélanie-Marjolaine-Alexandre-Syrine-Simon-Marie-Ann-Anaïka-Mathilde-Cassandra-
Simon-Camille-Samuel-Anne-Frédérique-Élyse-Marc-Étienne-Sandrine-Mylène-Anny--Simon-Ariane-Julianne-Alexis-Benny-Marie-France-
Emmanuelle-Jérôme-Pénélope-Jules-Bruno-Duoc-Catherine-Gabriel-Audrey-Anne-Hugo-Hamza-Phyrun-Frédérique-Giulio-Meri-Ninon-
Myriam-Évelyne-Valérie-Elizabeth-Marianne-Alexa-Émile-Lydia-Laurie-Kevin-Cynthia-Françs-Li-Anne-Marie-Ève-Michelle-Andréanne-
Virginie-Stéphanie-Maude-Catherine-Gaëlle-Mallory-Yasmeen-Julia-Roxanne-Emma-Michael-Olivier-Sandrine-Remy-Adnane-Carlos-
Kameliya-Anthony-Nicholas-Lester-Oliver-Hanna-Patryk-Camille-Eric-Yassmine-Eya-Maria-Maxime-Amélie-Dajia-Shiraz-Ann-Sophie-Nicolas-
Annabelle-Laurence-Catherine-Roc-Adrien-Celeste-Sébastien-Kaïna-Kendrick-Jose-Daniel-Alexa-Léandre-Marie-Alexe-Badr-Hattie-Erine-
Faith-Luis-Naika-Adrianne-Laurent-Alexandre-Emma-Jean-Samuel-Raphaëlle-Michael-Frédéric-Amélie-Alireza-Andrei-Gabrielle-Mark-
Jean-Michel-Daphné-Lynsay-Nika-Kristie-Frédérique-Jérémie-Florence-Gabriel-Simon-Mathieu-Akran-Rayanne-Olivier-Anne-Sophie-
Lylia-Amyn-Hadear-Sabrina-Marc-Antoine-Naizar-Dean-Owen-Joseph-Andrew-Zahra-Salma-Charif-Ralph-Étienne-Caroline-Simon-Audre-
y-Foong-Hua-Josianne-Jessyka-Christopher-Tim-Penn-Sissy-Jade-Ariane-Samuel-Pénélope-Déborah-Anna-Shao-Kai-Laura-Ricky-Bryan-
Sarita-Lea-Chloe-Sébastien-Yolanda-Anne-Marie-Robin-Amir-Carolina-Alexandre-Nassim-Kairbek-Mohamed-Tahar-Adam-Atima-Nancy-
Philippe-Sabrina-Sidney-Kolnica- Alexandre-Laurent-Mathieu-Marianne-Félix-Jennifer-
Ga-Yan-Sebastian-Olivier-Olivier- Mathias-Jason-Jordan-Steven-Andréanne-Mathilde-
Maude-Jia-Hua-Nikita-Ahmed- Juba-Hamza-Alexandre-Francis-Lina-Ikram-Ariane-
Kar-Jan-Michael-Justin-Kai-Chi- Mai-Jie-Arif-Jia-Wei-Bin-Wendy-Alexi-Jason-Joshau-
Naomy-Jahmal-Jean-Pierre- Dylan-Gabriel-Juan-Jonathan-Nicolas-Tommy-Zora-
Samuel-Marie-Maude-Andy- Erick-Alex-Meehan-Thierno-Karolanne-Jonathan-
Sami-Ould-Peter-Andy-Tommy- Gabriel-Francis-Alexandre-Pascal-Brandon-Mikerlson-
Jeffrey-Elizabeth-Freddy-Tommy- Gabriel-Martin-Kristel-Widens-Jonathan-Francis-
Nélia-Jolan-Kashawna-Nelson- Philippe-Abdel-Akim-Bruno-Kevin-Bokondji-Tore-
Kyle-Claude-Michael-Etienne- Sandrine-Sarah-Jade-Marie-Éve-Myriam-Florence-
Pénélope-Gabrielle-Joanna- Thomas-Nicolas-Myriam-Stéphanie-Loic-Viane-Émilie-
Karelle-Clarence-Hugo-Sophie- Arianne-Andréa-Joanie-Lilianne-Azzara-Kalina-Noah-

Merci les enfants !

Maxime-Vincent-Joanie-Shawn-Simon-Florence-Hubert-Laura-Nicolas-Juliette-Marie-Pier-Alexandra-David-Salomé-Natan-Jonathan-
Flavie-Benjamin-Shane-Ariane-Marc-Antoine-Audré-Charles-Edouard-Jessica-Alice-Vincent-Roxanne-Michael-Kelly-Ann-Sarah-Frédéric-
Mélina-Alissa-Valérie-Philippe-Sabrina-Marguerite-Laurie-Sabrina-Anthony-Janice-Marc-Mathieu-Nicolas-Christopher-Sabrina-Alexandre-
Claudie-Valérie-Marie-France-Alex-Joselyn-Lara-Marie-Joelle-Sammy-Joe-Alexandra-Marie-Pier-Vanessa-Katherine-Annie-kayla-Stéphanie-
Sandrine-Alexandre-Maxime-Alexandra-Keven-Maxime-Mélina-Maude-Francis-Mélodie-Alexia-Jeffy-Kim-Maxime-Jeanne-Genviève-
Noémie-Alexandrine-Jason-Lyzanne-Valérie-Carolane-Émilie-Maude-Samantha-Noèmie-Marc-Antoine-Lydiane-Camille-Marie-Patricia-
Félix-Charles-Véronique-Danny-Rose-Ariane-Nicolas-Cynthia-Anne-Cristelle-Félix-Mathilde-Marie-Audrey-Olivier-Mathieu-Catherine-
Chloé-Francis-Olivier-Sandrine-Mathieu-Alexis-Jean-Philippe-Maxine-Jessica-Héléna-Sarah-Ève-Julien-Charles-Bruno-Anthony-Philippe-
Antoine-Stéphanie-Anthony-Marie-Ève-Bartek-Alexandre-Jenève-Magaly-Chloé-Valérie-Marilou-Béatrice-Cédrick-Sabrina-Alexandre-
Sandrine-Roxane-Philippe-Alex-Élodie-The-Luan-Jean-Daniel-David-Alexandre-Charles-Sandrine-Béatrice-Simon-Tomas-Sophie-Vincent-
Charles-Sarah-Assimo-Alexandre-David-Kevin-Caroline-Gisèle-Émilie-Marie-Annie-Randy-Stéphanie-Caroline-Chloé-Anthony-Samuel-
Audrey-Katherine-Valérie-Caroline-Nicolas-Sofia-Marc-Antoine-Catherine-Patrick-Emily-Sabrina-Gianluca-Kevin-Krystel-Camille-Holymaëls-
Gomson-Annick-Janie-Laila-Yian-Maximilien-David-Andréanne-Marc-Anthony-Jonathan-Jonathan-Léa-Evelyn-Julia-Donithilde-Jacques-
Olivier-Shan-Marc-Antoine-Alexandre-Rosalie-Marc-André-Joannie-Simon-Laurent-Anne-Frédérique-Jade-Derek-Olivier-Chloé-Helena-
Joseph-Jessica-Nicolas-Alexandre-Charles-Antoine-Krystel-Natacha-Jacob-Sarah-Victoria-Cassandra-Kasia-Éva-Isabelle-April-Anne-Sophie-

L'ESPACE DE MON ENFANCE

Quel est le plus beau souvenir de ma vie ?

Quelle période de ma vie m'a suivi jusqu'à ce jour ?

C'est l'espace de mon enfance…Espace béni grâce à une mère exceptionnelle qui m'a offert une enfance libre et colorée en me donnant le droit de vivre mon enfance. Cette maman était une véritable Artiste et elle a su nourrir mon Espace Enfant en créant le berceau vital d'un imaginaire féérique extraordinaire.

Chaque été, je revivais une période magique avec ma grand-tante Marie-Ange, religieuse dominicaine et enseignante des arts à Boston. Elle remplissait mon espace de matériaux d'arts plastiques, me permettant ainsi de bâtir des châteaux et des cathédrales de rêves que j'habite toujours. L'équilibre de cette architecture créative m'a légué la spiritualité nécessaire à la découverte du vrai sens de la vie, de ma vie.

Aujourd'hui, je m'infiltre tout doucement dans l'espace des Enfants afin d'ouvrir leur imaginaire. Je leur propose de créer des souvenirs inspirants, une lumière qui éclairera leur vie.

Merci maman Ro !

Merci tante Marie-Ange !

Merci les enfants ! Dans votre espace, je retrouve l'espoir et le soleil d'aujourd'hui…vers demain.

Espace Enfant, je le dédie à mes cinq enfants :

Anne-Séguin, Félix-Alain, Yan-Morin, Léandre-Alexis et Bénédicte

Et à mon Amour, Suzanne Chénard, grande dame de l'Éducation et orthopédagogue.

EE… Espace Enfant

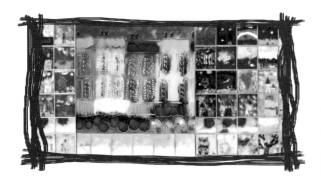

Depuis quelques mois, ma vie est Envahie de EE…

Espace Enfant. Essence Enfant. Espoir Enfant.

Tout cela, et plus encore…

Après un heureux parcours de trente-cinq années dans quelques écoles secondaires du Québec, quelle satisfaction de puiser dans la grande malle aux souvenirs et aux expériences variées pour célébrer une des grandes passions de ma vie, l'Éducation. Depuis déjà plus de trois décennies (cinq, avec mes années d'études), je tisse ma toile d'éducatrice en développant une grande variété de fibres sur une thématique constante : des projets, des projets et encore des projets.

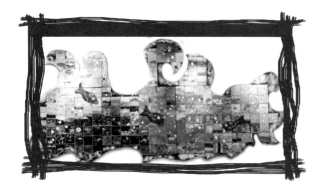

L'Éducation est une grande aventure au parcours tantôt paradisiaque, tantôt infernal, mais jamais banal. Elle nous laisse peu de certitudes et beaucoup de questionnements. Elle nous transforme en semeur de toute une vie aux bien modestes récoltes…car une cohorte d'élèves est vite remplacée par une autre et, malheureusement, la reconnaissance de l'Éducation en général et des éducateurs en particulier est une denrée rare dans notre société moderne. Malgré ces inévitables méandres, plusieurs membres de la grande famille éducative du Québec s'abreuvent à une même source : la passion du métier. Et, j'en suis !

Cette passion se bonifie de quelques convictions, dont une en particulier : la formation et la motivation d'un jeune ou même d'un adulte se nourrissent d'action, de projets. Celui pour lequel je vibre intensément depuis quelques mois et dont les lettres EE m'inspirent chaque jour me permet d'ajouter des fibres littéraires à la toile éducative de ma vie. Le projet Espace Enfant, découvert auprès d'un homme plus grand que nature, me permet de partager le flambeau de l'expérience scolaire avec un artiste-éducateur émérite, un grand Québécois reconnu internationalement, un peintre-émailleur magicien du feu… et souffleur d'Espoir. Un homme de projets qui possède, comme moi, la passion des enfants : mon ami et partenaire dans cette odyssée créative, Bernard Séguin Poirier.

Espace Enfant, tome 1, présente un coffre aux trésors inestimables, les trésors de la créativité. Celle des enfants. Celle des adultes. Celle des décideurs.

Car lorsque l'Art rencontre l'Éducation, les projets créent l'infini de tous les possibles…

Ce premier tome d'Espace Enfant, je le dédie…
À Ariane, Laurence, Alexis et Gabrielle, les précieux trésors de mon Espace Enfant maternel
À Romane et Rosalie, les petites-filles chéries d'un autre Espace de Vie
À Guy, pour l'Espace infini de son Amour…

Ouverture

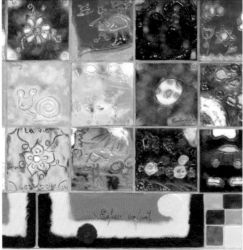
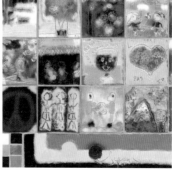

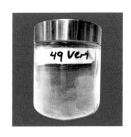

L'espace d'un instant
L'espace d'un enfant
Arrêtons le temps

En un éclair de couleur
Miroir du cœur
Prenons le temps

Par la magie du regard
Et la lumière d'un phare
Saisissons le moment

À la pointe d'une mine
À l'intimité fine
Révélons le temps

Par la finesse d'une poudre
Loin de la foudre
Goûtons l'instant

Par la chaleur d'un sourire
Et la nuance du dire
Suspendons le temps

Feu ardent, bienfaisant
Feu puissant, signifiant
Réchauffons le temps

Création de douceur
Forgeron de bonheur
Oublions le temps
Savourons le temps
Aimons le temps

L'Espace d'un Enfant…

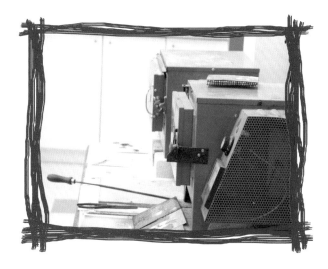

Avant-propos

    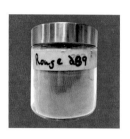

La clarté, c'est une juste répartition d'ombres et de lumière.
Johann Wolfgang von Goethe

La Lumière qui transcende l'œuvre de Séguin Poirier émane d'un être de lumière qui sait apprivoiser les ombres de l'Enfance…
Les accueillir. Les comprendre. Les magnifier.

Voici donc la petite histoire d'une merveilleuse rencontre entre l'Art et l'Éducation.

Par un bel après-midi ensoleillé de mai 2010, Séguin Poirier présente à une dynamique équipe d'enseignantes en art et à la direction de l'établissement les fondements de son projet artistique Espace Enfant afin de faire naître dans ce milieu scolaire l'étincelle d'une exceptionnelle aventure éducative et artistique dans le cadre des célébrations du centenaire de cette maison d'éducation. Ayant déjà rencontré plus de vingt-cinq mille enfants au Québec depuis 2007 et réalisé avec eux des œuvres extraordinaires, la passion qui anime l'artiste devient vite son plus éloquent argument.

Au cours de la rencontre, cet éminent artiste québécois riche d'une vaste et signifiante expérience de projets artistiques à travers le monde, confiait en toute simplicité à quelques éducatrices sa « passion du métier » et sa volonté de diriger ses projecteurs sur les enfants et les adolescents croisant sa route considérant que «prendre soin des enfants, c'est le plus noble et le plus fondamental devoir d'une société».

Voilà, une histoire d'amour venait de naître entre ce peintre-émailleur philosophe et les membres d'une grande famille éducative. Mais qu'en est-il du projet Espace Enfant dans ce collège ? La poursuite de votre lecture en révélera l'issue.

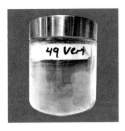     

Fin de la petite histoire.

Mais début de la grande aventure qui a mené l'artiste Séguin Poirier et la directrice-éducatrice Carmen Poirier (non, aucun lien de parenté) à partager leurs passions respectives, l'Art et l'Éducation, afin de donner un sens au processus créatif qui façonne des enfants heureux, des enfants et des adolescents lumineux qui apprivoisent leurs ombres.

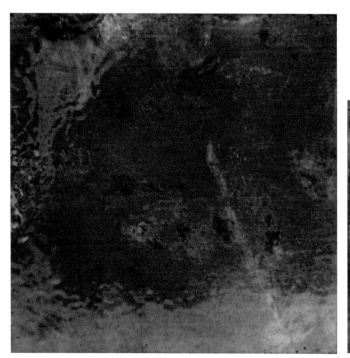

     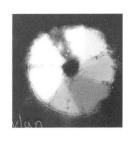

1. À LA RENCONTRE D'ESPACE ENFANT

Un projet d'envergure qui place l'enfant au cœur de l'action s'avère une évidence pour ceux et celles qui connaissent le parcours artistique et familial de Séguin Poirier. Issu d'une mère « muse », peintre et sculpteure et d'un père orfèvre qui lui transmettent la passion de l'art dès son plus jeune âge, Séguin Poirier garde de son enfance des souvenirs impérissables qui colorent sa vie et son œuvre. Amoureux de la nature, de l'amour, de la fête, de la musique et surtout des enfants, ce grand magicien de l'émail nourrit un des plus grands feux de sa vie en devenant le père de cinq enfants qui le comblent et l'émerveillent sans cesse. Ce profond désir de paternité et des responsabilités qui en découlent amènent l'artiste à développer un grand sens de l'observation des enfants et conséquemment, une touchante affection.

À travers toutes les étapes évolutives de ses propres enfants, Séguin Poirier a toujours été fasciné par le développement de tous les enfants. Ses observations, ses questionnements, ses certitudes et ses doutes se fondent dans une observation quasi obsessionnelle, surtout très sensible, des enfants qu'il rencontre. De plus, sa précieuse compagne Suzanne Chénard, orthopédagogue chevronnée, toujours à la recherche de nouvelles ressources pour aider les enfants en difficulté, partage avec lui ses expériences et préoccupations éducatives.

De là à croire que les racines familiales du peintre-émailleur et l'actuel clan Séguin Poirier maintiennent ses penchants naturels bien vivants, il y a des évidences…inévitables ! De plus, l'artiste souvent décrit comme un « magicien des couleurs », estime que de nombreux enfants ont un grand besoin de couleurs dans leur vie…

Ils ont aussi besoin d'Espace, de Temps et d'Amour.

Rencontres

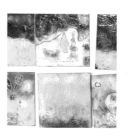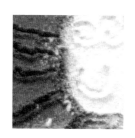

Désirant intégrer tous ces objectifs, Séguin Poirier crée donc en 2007 le projet Espace Enfant pour aller véritablement à la rencontre des enfants. Pour révéler leur cœur, leur âme, leur créativité et leurs pensées. Rien de moins. Cet ambitieux projet s'inscrit dans la continuité d'un long parcours de création artistique avec les enfants puisque ceux-ci, de tout temps, ont fait partie des activités périphériques de Séguin Poirier. En maintes occasions, il a su marquer de façon positive la vie des enfants, leur univers créatif, en les amenant à développer leur sentiment de compétence artistique. Ne dit-on pas que la compétence est un proche parent de l'estime de soi ? (Nous y reviendrons lors de la rencontre des arts et de l'éducation au point 3.)

Peintre émérite et grand humaniste, Séguin Poirier poursuit un double objectif avec son projet Espace Enfant : jumeler adultes et enfants dans une aventure de la créativité et construire des œuvres plus grandes que nature qui défieront le temps et marqueront notre espace collectif. L'artiste propose donc aux organisations publiques et privées, entreprises, organismes et autres institutions, la formule des ateliers-création conçue pour susciter en toute convivialité un éveil artistique. Fidèle à ses convictions, ce peintre-émailleur de réputation internationale développe ainsi une plus vaste optique de démocratisation de l'art en favorisant son accessibilité par une mise en situation originale. Celle-ci bonifie autant le développement de la relation adulte-enfant que la croissance et le rayonnement des entreprises qui choisissent d'offrir un Espace Enfant aux jeunes d'aujourd'hui, les adultes de demain. Lorsqu'une grande entreprise décide d'amener un enfant dans son espace intérieur au moyen d'un petit carré de couleurs et accepte que ce petit carré devienne grand dans l'espace de la société, il est permis de croire à l'espoir d'un véritable retour à l'essentiel pour célébrer et surtout, consolider l'enfance.

Depuis 2007, le projet a connu un succès fulgurant puisque plus de 30 000 enfants du Québec y ont participé. Pour Séguin Poirier, il s'agit là d'une évidente réponse aux besoins de liberté des enfants qui apprécient cet espace-art : ces rencontres avec un artiste et des

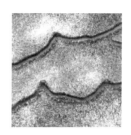

adultes signifiants, cette part de rêve saupoudrée de leurs petites passoires de couleurs… Même les organisations marraines y trouvent leur compte en offrant une valeur ajoutée à leur vision institutionnelle : donner un sens à leur action. Très souvent, cette démarche permet de révéler dans leur œuvre collective la pensée des enfants, les messages destinés aux adultes, à la société et même à la Terre qui les porte. Une société soucieuse de ses enfants n'est-elle pas une société en santé ? Nous voulons tellement y croire.

Touchée et inspirée par toutes les valeurs humaines intrinsèques à cet exceptionnel projet, j'ai rapidement compris que Séguin Poirier et moi partagions la même passion pour le développement des êtres humains et le long cheminement qui nourrit la vie de l'enfance au dernier souffle.

Cette profonde affection pour le genre humain a dicté ma voie professionnelle à l'âge où les considérations de carrière n'ont aucune importance. Dès l'enfance, l'appel pédagogique, le goût de découvrir, de guider et de communiquer sont vite devenus des voies inspirantes, voire incontournables. Les poupées de l'enfance rapidement transformées en élèves avides d'apprendre, accueillant mes mille projets en restant sages comme des images, ont admirablement joué dans ma vie le rôle de « conseillères en orientation ». Et elles ne se sont pas trompées ! Sous le regard amusé de ma mère, enseignante au primaire dans les années soixante (réalité familiale exceptionnelle pour l'époque), je tissais la toile d'une passion qui ne m'a jamais quittée depuis plus de cinquante ans, déjà. Faut-il mentionner l'influence des fibres génétiques? Elles n'y sont sûrement pas étrangères car je porte en moi plusieurs empreintes pédagogiques et de multiples scènes éloquentes. Comment oublier, lors de mes stages didactiques de fin de baccalauréat, l'image de ma chère maman, fin cinquantaine, assise à l'indienne dans sa classe avec ses petits chéris de 2e année autour du dernier repas de Jésus…qu'elle avait cuisiné pour eux toute la fin de semaine (une délicieuse catéchèse, croyez-moi !).

   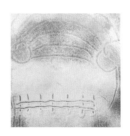  

Il y a des souvenirs inspirants et des tableaux qui ne s'effacent pas.

Passion du métier, vocation…J'y crois profondément. À une époque où une carrière peut durer cinq ans, voire cinq mois, peut-on encore parler de vocation? Si ce terme laisse parfois un goût suranné d'engagement forcé ou d'esclavage particulier, je puis moderniser mon propos en soutenant que la PASSION est un délectable ingrédient d'accomplissement de soi. Vie personnelle, vie professionnelle ?

VIE, tout court, dirait Séguin Poirier.

Voilà pourquoi Espace Enfant est un catalyseur.

Un projet de VIE !

Un projet qui me permet de réaliser un grand rêve : écrire par choix pour aller à la rencontre de soi-même et des autres…Quel privilège !

Et que dire de ce projet « providence » consistant à raconter la démarche artistique et éducative d'Espace Enfant au cœur d'un livre d'art et de réflexions, en collaboration avec les organismes participants. Ce témoignage littéraire veut offrir un espace à l'Enfance, à la Beauté, à la couleur intérieure, aux lieux choisis et aux œuvres réalisées. Il perpétue surtout la précieuse rencontre des êtres, enfants, ados, adultes, artistes, ayant concrétisé un projet original, construit sur des pièces uniques, mais porteur d'un rayonnement universel par le génie d'un artiste qui sait jouer avec toutes les couleurs de ses feux, le maître-émailleur Séguin Poirier.

Nous souhaitons que ce projet novateur touche l'âme de tous les amoureux des enfants, les emballe et leur procure une réflexion inspirante sur la nature de l'Espace Enfant offerte à nos enfants. Quelle qualité d'espace, notre société, soit chacun de nous, offre à ses enfants?

  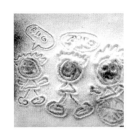   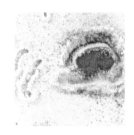

Nous souhaitons que toutes les couleurs des œuvres présentées, les minois attentifs, les sourires coquins, les précisions et anecdotes ajoutées vous dérident, vous charment, colorent votre vie en vous procurant des instants de pur bonheur. N'avons-nous pas beaucoup de pouvoir sur les instants de bonheur et si peu sur les moments de détresse ?

En ce sens, l'Art magnifie la Vie…

Et l'art de dire libère les mots…et les maux.

2. QUAND L'ART RENCONTRE LES ENFANTS

Tous les enfants ont du génie, le tout est de le faire apparaître.
Charlie Chaplin, *Ma Vie*

Séguin Poirier est fasciné par l'enfance et surtout par tout ce qu'elle révèle quand on prend le temps de l'observer. Cette fascination puise probablement ses racines dans sa propre enfance puisqu'il relate avec émotion ses premières expériences artistiques, ses premiers dessins réalisés sous l'œil attentif de sa mère Rolande Séguin, élève de Paul-Émile Borduas, qui réussissait toujours à trouver de la beauté dans le dessin de chaque enfant. Plus encore, elle savait lire les dessins de l'enfance avec une bienveillante tendresse, celle qui nourrit l'âme et favorise l'éclosion des talents. Elle lisait dans le cœur des enfants…

Cette prédisposition naturelle aux enfants, Séguin Poirier la porte aussi en lui depuis toujours. Toute son œuvre est un hymne à l'enfance et aux dessins permettant à l'adulte de ne pas oublier les couleurs de son cœur d'enfant. Rappelons simplement le titre

 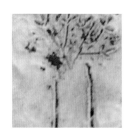 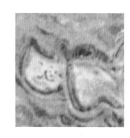 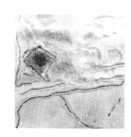 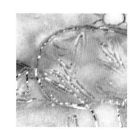 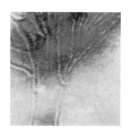

d'une de ses célèbres expositions - « Laissez vivre les enfants » (1990) - pour saisir toute l'importance accordée en quarante-cinq ans de carrière aux racines d'un être humain : son enfance.

Si l'enfant touche l'artiste, la détresse de l'enfant le bouleverse. Séguin Poirier possède un laser intérieur décelant la tristesse ou la détresse d'un enfant. Il peut discourir des heures sur le regard d'un enfant qui lui livre ses plus intimes secrets. Est-ce la profonde connaissance des différentes nuances des couleurs qui lui permet de « voir » les sentiments ? Peut-être…Chose certaine, c'est souvent par le jeu des couleurs qu'il entre en relation si facilement avec les enfants mis sur sa route dans différents ateliers artistiques. Pourquoi le bleu ? Pourquoi le rouge ? Pourquoi le jaune ? Fascinant de découvrir tout ce que ces petites questions anodines révèlent de la vie des enfants ! Elles sont aussi à l'origine des objectifs du projet Espace Enfant.

Il arrive un moment dans notre existence où se tourner vers l'essentiel devient un mode de vie. Dans une société hyper branchée, hyper informée, on en vient presque à nous dire quoi voir, quoi choisir, quoi dire et souvent…quoi penser. Qu'en est-il du jugement ? De l'intuition ? De l'expérience ? Du plaisir de réfléchir, de discuter, de philosopher et de donner un sens à nos choix ?

« *La sagesse commence dans l'émerveillement.* »
Socrate

Entre la sagesse d'un Socrate et la sensibilité d'un Goethe, Séguin Poirier le philosophe se laisse souvent inspirer par les enfants. Par leur exemple. Par leurs regards lumineux et leurs dessins révélateurs. Que de secrets dans la ligne d'un croquis, le choix d'un sujet qui devient symbole transcendant ou la couleur du ciel, troublante météo intérieure ! La murale « Changer le monde » au chapitre Amour révèle 1509 dessins, 1509 petits

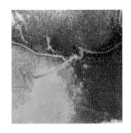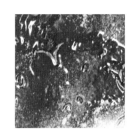

laboratoires de l'état d'âme de ces enfants des centres Jeunesse du Grand Montréal. Cette expérience déterminante, s'échelonnant sur deux ans, confirme à Séguin Poirier que les couleurs de l'Enfance tonifieront les projets de sa jeune soixantaine…Peut-être même l'Essentiel de l'apogée de son Art.

Si le regard des enfants est un cadeau pour Séguin Poirier, cet artiste d'une grande simplicité n'a pas la prétention de tout déceler et certainement pas de guérir tous leurs maux. Le simple fait de provoquer des rencontres et de créer des projets inspirants le comble comme créateur et comme être humain et lui permet aussi d'atteindre les adultes…grâce aux enfants. Qui donc peut être insensible au mal de vivre des enfants ? Certainement pas les adultes et les éducateurs qui les entourent ! Dans chacune des aventures créatives d'Espace Enfant, il faut cibler avec vigilance les objectifs éducatifs et humains favorisant la participation des enfants, mais aussi les fondements d'une vision globale de la démarche pour les organismes participants. Nous savons tous que la meilleure intention de départ d'un projet peut se noyer dans une mer de tracasseries administratives qui relèvent évidemment du monde des adultes. Heureusement, les magnifiques réalisations collectives des enfants réussissent la plupart du temps à rallier les adultes sur l'inspirant chemin de la créativité et de la permanence de l'Art. Et que dire de la ténacité du capitaine Séguin Poirier pour rappeler l'essentiel du projet : donner de l'Espace aux Enfants !

Vous découvrirez dans ce livre «éducartistique » une réflexion, une histoire, une vision, des œuvres, des enfants et des adolescents magnifiques.

Des adultes sensibles, émus, conquis par la riche palette de l'Être.

Allez, laissez la magie des couleurs toucher votre cœur…d'Enfant !

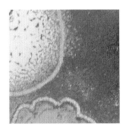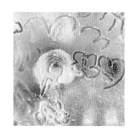

3. QUAND L'ART RENCONTRE L'ÉDUCATION

*L'objectif de toute éducation devrait être de projeter chacun
dans l'aventure d'une vie à découvrir, à orienter, à construire.*
Albert Jacquard

Les nombreuses réflexions et recherches d'Albert Jacquard, ce grand scientifique et homme d'éducation français, ont grandement alimenté les débats internationaux des dernières décennies en éducation. Grand humaniste, il explique comment les interactions entre les hommes sont à l'origine de leurs performances. Rappelant fréquemment qu'éduquer signifie littéralement «conduire l'enfant hors de lui-même», il définit l'éducation comme étant l'art de la rencontre. [1]

Après trente-cinq années à construire ma cathédrale éducative, pierre par pierre, dans quelques écoles du Québec, je partage totalement cette position de Jacquard sur l'importance de la rencontre entre les êtres sur le chemin du développement des compétences. Des compétences qui permettent à chaque personne de découvrir et développer ses aptitudes mais aussi de comprendre et améliorer ses attitudes. On remarque que toutes les découvertes de la psychologie moderne accordent une place de choix à l'intelligence émotionnelle. En résumé, l'intelligence émotionnelle confère, selon Goleman [2], son plus éminent chercheur, un avantage dans tous les domaines de la vie aussi bien dans les relations affectives et intimes que dans l'appréhension des règles implicites qui régissent la réussite dans les politiques organisationnelles. Il est maintenant reconnu que l'intelligence cognitive, le quotient intellectuel (QI) ne peut à lui seul révéler l'intelligence d'une personne. De nos jours, le quotient émotionnel (QÉ) est une donnée extrêmement importante dans la recherche de candidats potentiels à des postes stratégiques. Les compétences recherchées se retrouvent habituellement dans

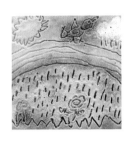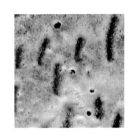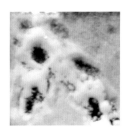

un harmonieux équilibre des deux quotients. Ne dit-on pas qu'on évalue une personne pour ses aptitudes…mais qu'on l'apprécie pour ses attitudes ?

Quel kaléidoscope de couleurs que l'amalgame de tous ces différents quotients du potentiel humain, diraient les nombreux témoins du projet Espace Enfant depuis 2007 ! Cette rencontre de tous les possibles se retrouve au cœur d'un atelier de création libre et elle a très rapidement touché la corde sensible de mes valeurs éducatives.

S'il est vrai que plusieurs compétences sont nécessaires dans ce 21e siècle technologique, de nombreux penseurs de l'éducation sont convaincus qu'en apprivoisant les arts, les enfants cultivent également leur créativité, une capacité incontournable aujourd'hui. « La création exige de l'artiste un regard neuf sur le monde, débarrassé des conceptions toutes faites, objectives, neutres, et pauvres.», écrit Roger Vigouroux dans La fabrique du beau. « [...] L'œuvre d'art doit être fluidité, subjectivité, pure sensibilité. L'enfant a justement cette vision mystérieuse des choses, non polluée par les apports d'une société standardisée.» [3]

D'éminents pédagogues affirment que la créativité est cruciale pour le développement des enfants : ils s'expriment plus facilement grâce aux multiples disciplines artistiques. Les idées et les associations qu'ils font grâce à leur imagination leur viennent à l'esprit plus aisément. Même si apprendre comporte son lot de difficultés et d'efforts, des recherches didactiques confirment les avantages des activités créatives et ludiques.

Cette créativité décuplant leur sens de l'émerveillement renforce aussi leurs capacités dans plusieurs disciplines scolaires. Le scientifique et essayiste Albert Jacquard précise, au sujet des similarités entre les sciences et les arts, que « la science [...], c'est un chemin qui progresse comme il peut, qui explore des impasses, qui revient en arrière, c'est passionnant. Mais la finalité, ce n'est pas l'efficacité, c'est l'émerveillement, comme pour les arts. Il me plaît de penser que l'on puisse présenter la science comme un lieu où l'on

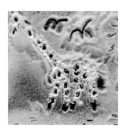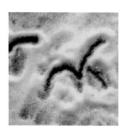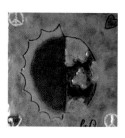

se dispute gentiment, où il y a des joutes. Il est important de l'appréhender comme un exercice de l'esprit qui doit être jouissif. » [4]

Voilà une autre caractéristique du projet Espace Enfant : le plaisir. Il faut y avoir participé pour ressentir la magie inhérente à la construction d'une œuvre sur une petite pièce de cuivre saupoudrée de couleurs qui déclenche des rires et des sourires de satisfaction de 4 à 104 ans…Si les adultes ont parfois du mal à visualiser le déroulement technique du projet, les enfants s'y engagent avec une joie et une confiance étonnantes. Il est vrai que l'artiste-animateur Séguin Poirier ainsi que tous les membres de son équipe artistique ont développé une approche pédagogique ludique et sympathique. Rien n'est laissé au hasard entre l'histoire de l'artiste, des émaux sur cuivre, des techniques développées, des poudres de toutes les couleurs, jusqu'au thème choisi par l'école ou l'organisme concerné. L'atmosphère des ateliers de création est détendue et favorise une véritable rencontre entre l'artiste, les arts et les enfants. « Une rencontre avec moi-même…», confiait un jour une adolescente inspirée et inspirante.

L'art donne aux jeunes un sentiment de liberté et de pouvoir sur leur créativité. Il favorise davantage les échanges sans jugement et une véritable communication ouverte sur les différences. Dans la thématique choisie de l'aventure Espace Enfant, le jeune réalise que la création collective finale est riche des différences de chaque personne. Que chaque enfant, chaque adolescent a droit à son regard, ses formes, ses couleurs, sa vision du thème proposé. Quel foisonnement d'idées : des échanges d'une indicible profondeur ! Une véritable Rencontre qui ferait rougir de satisfaction monsieur Jacquard.

Une rencontre vers la découverte de soi.

Et pourquoi pas vers l'estime de soi ?

4. QUAND L'ÉDUCATION RENCONTRE LE SOI

Enseigner, ce n'est pas remplir un vase, c'est allumer un feu.

Montaigne

Le développement et l'amélioration continus d'un être humain supposent un lent processus d'essais et d'erreurs. D'expériences variées, dirons-nous dans une analyse positive des différents passages de la vie. En éducation, les parents et les éducateurs se questionnent souvent sur les compétences, habiletés ou talents qui peuvent faire la différence dans le développement harmonieux d'un enfant. Si nous avions la possibilité de choisir deux outils déterminants, quels seraient-ils ?

Pour ma part, trente-cinq années en éducation dont trente comme mère de quatre enfants m'indiquent des pistes signifiantes qui ne me donnent certainement pas toutes les réponses mais m'aident à cibler deux éléments prioritaires : la connaissance de soi, prélude à l'estime de soi.

Depuis le Rapport Parent des années soixante qui a voulu démocratiser l'enseignement au Québec et donner une plus grande accessibilité à l'éducation des jeunes, une somme quasi incalculable d'objectifs et de projets a contribué à diversifier les programmes et les méthodes pédagogiques. Des petites écoles de rang aux grandes polyvalentes des villes en passant par la riche histoire des collèges classiques, l'éducation au Québec a connu, comme dans toutes les sociétés occidentales, des heures de gloire et de doute. Riche de plusieurs remises en question et réformes des systèmes, l'école québécoise a toujours su s'adapter aux nombreux courants pédagogiques et technologiques modernes avec comme résultat que les élèves des dernières décennies ont pu explorer plusieurs avenues leur permettant de questionner leurs goûts, leurs aptitudes et leurs choix. Trop, diront

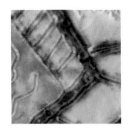     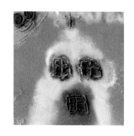

certains. Peut-être, mais qui peut prétendre connaître le nombre de dossiers ou d'années requis pour faire un choix éclairé menant à une bonne connaissance de soi ? Personne, évidemment, cette recherche étant heureusement récurrente. Partant du fait qu'un être humain se donne le droit de constamment questionner ses choix, n'est-il pas permis de croire qu'il tend vers un équilibre bienfaisant ? Bien sûr, il n'est pas question ici d'une sempiternelle hésitation découlant d'un non-choix, mais bien d'une attitude confiante qui mène à une bonne connaissance de soi par l'objectivation et l'affirmation de ses choix.

Au cours de vingt-quatre années de gestion scolaire, j'ai eu le plaisir de rencontrer plusieurs compétents penseurs et praticiens du monde de l'éducation au Québec. La mise en commun de nos différentes expertises m'incite à croire qu'une bonne connaissance de soi nous entraîne sur le chemin de la confiance en soi et conséquemment, de l'estime de soi. Deux composantes solides dans la lente édification d'un être humain qui, comme le bon vin, peut prendre des années à développer ses arômes.

Au cours d'une conférence présentée à des parents d'adolescents, monsieur Germain Duclos, orthopédagogue et conférencier réputé, proposait une définition de l'estime de soi digne de citation pour nourrir mon propos éducatif :

«L'estime de soi est faite de quatre composantes : le sentiment de confiance, la connaissance de soi, le sentiment d'appartenance à un groupe et le sentiment de compétence. Le sentiment de confiance est préalable à l'estime de soi. En effet, il faut d'abord le ressentir et le vivre afin d'être disponible pour réaliser des apprentissages qui vont nourrir l'estime de soi. Il en va autrement des trois autres composantes. On peut stimuler la connaissance de soi, le sentiment d'appartenance et le sentiment de compétence à chaque stade du développement, à chaque période de la vie, par des attitudes éducatives adéquates et des moyens concrets. Il faut donc accorder une importance toute spéciale à la sécurité et à la confiance.» [5]

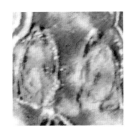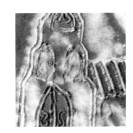

Pourquoi cet extrait ? Surtout pour prendre conscience de l'importance de « stimuler la connaissance de soi…le sentiment de compétence…par des attitudes adéquates et des moyens concrets. »

Trop souvent, l'école ne reconnaît la valeur de l'individu que par ses réponses aux différentes disciplines scolaires, voire les résultats liés à l'évaluation des apprentissages. Pourtant, l'être humain apprenant est beaucoup plus que ça. Il porte en lui son propre désir de connaissance, son désir de création, son désir d'évoluer, d'être reconnu dans ses compétences et de collaborer à l'épanouissement de la société qu'il veut construire, lui aussi.

Aider l'enfant à garder une saine estime de lui-même, c'est l'aider à devenir compétent, sûr de lui, prêt à relever des défis, à créer, à innover, à amorcer des changements en osant faire différemment. C'est le grand défi des actuels décideurs du 21e siècle : accueillir les différences de la relève à un rythme jamais vécu à ce jour. Et le mode d'emploi pour y arriver ?

La confiance. Celle qu'il faut porter en soi pour l'offrir aux autres.

La réhabilitation de la créativité et de la liberté de créer pour les enfants dès le plus jeune âge est un pas significatif dans une direction reconnue par des didacticiens réputés. Pour consolider leur confiance en eux, misons sur le développement d'infrastructures humainement réfléchies pour offrir un encadrement et une présence de qualité à nos enfants. Même si la société nord-américaine a fait des pas de géant en ce sens, au cours des dernières décennies, plusieurs petits villages africains pourraient nous donner des leçons très pertinentes à cet égard puisqu'ils agissent selon le principe « qu'il faut tout un village pour éduquer et surtout…prendre soin d'un enfant ».

Après plusieurs ateliers de création vécus avec des enfants et des adolescents, après la rédaction d'une trentaine d'aventures du projet Espace Enfant (il en reste encore bien

d'autres…pour le tome 2), j'ai la profonde conviction qu'aider les adultes à prendre soin des enfants offre à notre « grand village » des moyens concrets pour renforcer l'estime de soi des enfants.

Je n'oublierai jamais le premier vernissage de l'œuvre collective des 1 509 adolescents des Centres Jeunesse de Montréal à la Galerie d'art Séguin Poirier du quartier Griffintown à Montréal. Il y avait une telle fierté dans les prunelles de ces « artistes d'un soir », ces grands enfants en déficience d'amour et de tendresse ! Il est vrai qu'une image vaut mille mots, mais l'histoire de la création de l'œuvre collective « Changer le monde » pourrait, à elle seule, faire l'objet de plusieurs volumes. Retrouver cette épopée au chapitre Amour, au cœur du premier livre Espace Enfant ne relève pas du hasard mais bien d'une intention affirmée de nous sensibiliser à l'importance des vraies rencontres, des moments « du cœur » dans le développement de l'estime de soi d'un enfant.

Quand un adulte, une institution ou une entreprise décide de passer par le regard créatif des enfants, elle touche simultanément le cœur de son organisation et conséquemment, accélère positivement le pouls de toute une société.

À propos de l'estime de soi, le grand Charlie Chaplin disait : «Le secret, c'est de croire en soi. Même à l'orphelinat, dans les rues, alors que je n'avais rien à manger, je me voyais comme le plus grand acteur du monde.» [6]

Comment donner à chaque enfant ce sentiment puissant et réconfortant d'ÊTRE…le plus grand de son monde?

Bien au-delà du projet « éducartistique » Espace Enfant qui se révèle exceptionnel pour les jeunes, il faut reconnaître que la prise de conscience des adultes sur l'importance du sentiment de liberté, de compétence, de pur plaisir dans l'acte de créer pour les enfants ouvre une fenêtre déterminante sur l'avenir des enfants du 21e siècle. Devant

tant de portes qui se ferment, d'idéaux bafoués, de solidarité brisée, de déceptions socioéconomiques et politiques, la réelle prise en charge de nos enfants ne recèle-t-elle pas un vent d'espoir caressant nos désirs les plus profonds ?

Et si des adultes de plus en plus nombreux décidaient de faire une plus grande place à tous les enfants ?

Aux enfants tristes, malades, abandonnés, certes, mais aussi aux enfants heureux et en santé. Des enfants aux racines solides, à la créativité alerte, à l'estime de soi heureuse ? Des enfants créateurs qui savent d'où ils viennent pour mieux sentir où ils vont ?

Tout simplement, des enfants remplis d'Amour. De cet amour humain imparfait, soit, mais constant, chaleureux et protecteur, émetteur de petites doses de bonheur infini... l'espace d'une longue seconde, d'une courte minute ou d'un projet inspirant.

Quel immense potentiel triple AAA (Art /Amour /Avenir) pour toutes les petites Romane et Rosalie de ce monde !

« Prendre un enfant par la main », chantait Yves Duteil.

Ses parents et ses éducateurs, par le cœur...

ENVIRONNEMENT

Après la cuisson de leur plaque,
les enfants admirent leur œuvre d'art

La vraie générosité envers l'avenir consiste à tout donner au présent.
Albert Camus

Notre environnement est un vaste sujet qui suscite, à juste titre, de pertinentes préoccupations. Il n'est donc pas surprenant qu'il constitue la première partie du livre Espace Enfant puisque de nombreuses équipes de travail au sein de plusieurs organismes ont sciemment choisi ce thème porteur pour susciter la créativité des enfants et des adolescents engagés dans cette démarche artistique.

ENVIRONNEMENT citadin, campagnard, naturel, terrestre, aquatique, aérien, cosmique, contemporain, supersonique,…les enfants saisissent d'instinct toute thématique liée au concept environnemental et se mettent rapidement aux dessins et aux couleurs. Attitude parfois déroutante pour l'adulte témoin souvent plus perplexe que créateur…Une fois passée la sempiternelle résistance à l'inconnu, plusieurs adultes découvrent aussi le plaisir de s'abandonner à leur créativité. Sans ordre chronologique ou préférentiel, les œuvres étant toutes uniques et magnifiques, voici la petite histoire des grands projets Espace Enfant réalisés depuis 2007 et regroupés sous la bannière de l'Environnement.

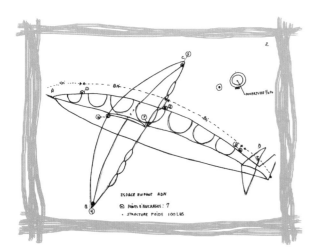

Plans préparatoires
Mobile *Si j'avais des ailes...*

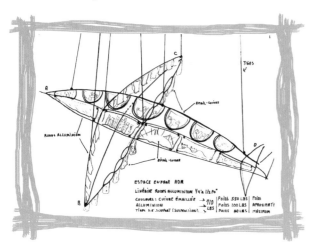

1. « Si j'avais des ailes... » Aéroport international Pierre-Elliott-Trudeau de Montréal

Les enfants des membres du personnel des Aéroports de Montréal (ADM) ont vécu une exceptionnelle aventure lors de la création de l'œuvre « *Si j'avais des ailes* ». Grâce à la vision des décideurs et organisateurs de cette journée consacrée à l'aviation, tout a été orchestré pour que chaque enfant participe à une grande fête animée de spectacles fort divertissants : visite d'avion, simulation de décollage, chiens pisteurs, collations et repas gourmands, etc. Au cœur d'un hangar transformé avec une ingénieuse créativité, plus d'une centaine d'enfants ont eu le plaisir de créer une pièce en cuivre qui allait devenir, grâce à la magie de Séguin Poirier, un magnifique avion installé dans un hall grandiose de l'aéroport international Pierre-Elliott-Trudeau de Montréal.

Quelque quatre cents visiteurs ont circulé au cours de la journée dans cet antre quasi magique où l'imagination des adultes a sans doute inspiré celle des enfants qui ont vite senti qu'ils étaient les « pilotes » de cette journée mémorable. Comme tout le monde gagne à offrir une place de choix aux enfants, ces enfants heureux ont créé des œuvres originales pour lesquelles ils ressentent une grande fierté.

Pour commémorer le succès d'une telle aventure, un vernissage en grande pompe fut organisé un dimanche matin à l'aéroport international de Montréal. Cocktails et discours de circonstance ont rendu hommage aux jeunes artistes talentueux qui découvraient la force créative de leur petite pièce colorée jumelée à une centaine d'autres et assemblées par la touche magique d'un artiste-émailleur qui sait faire décoller et atterrir…tous ses projets.

Grâce à une organisation constituée de responsables cohérents et volontaires, même les « lourdes » contraintes logistiques de l'installation de l'œuvre se sont solutionnées à chaque problématique rencontrée. Il faut dire que l'artiste et son équipe technique d'installation rivalisent d'audace et d'ingéniosité pour créer des solutions originales rehaussant la beauté de l'œuvre achevée.

Désormais, lorsque nous déambulons dans l'atrium près des douanes américaines, levons la tête pour admirer un magnifique engin volant arborant le message suivant :

« Si j'avais des ailes, je les offrirais à un cœur d'Enfant. »

Parties des ailes du mobile
Si j'avais des ailes...

Si j'avais des ailes ...
Aéroport P-E Trudeau, Montréal, 2008,
7, 32 x 4,88 m environ (24 x 16 pieds environ)

Montage du mobile,
Galerie Griffin Art, Montréal

Aéroport P-E Trudeau, Montréal

Aéroport P-E Trudeau, Montréal

Inauguration du mobile,
Aéroport P-E Trudeau, Montréal

Ébauches des projets au feutre,
Siège social Raymond Chabot Grant Thornton

2. « La Campagne, la Ville » - Raymond Chabot Grant Thornton

Quel étonnant paradoxe que cette aventure créative avec plus de deux cents enfants de plusieurs régions du Québec : Chicoutimi, Val-d'Or, Montréal, Gatineau, Sherbrooke et Rimouski.

Au cœur d'un projet scolaire, ces enfants participent aux ateliers d'Espace Enfant en dessinant l'environnement de leur choix : la campagne ou la ville, de jour ou de nuit. Animées par Séguin Poirier et ses guides-voyageurs, ces rendez-vous fabuleux permettent à l'équipe d'animation de découvrir des enfants inspirants, de s'offrir la visite de régions pittoresques et la rencontre d'hôtes chaleureux et généreux. L'accueil québécois dans toutes ses déclinaisons.

Comment traduire toute cette énergie créatrice et positive dans une œuvre signifiante ? Comment intégrer la campagne et la ville au cœur d'un imposant siège social financier du grand Montréal ? Une murale d'enfants a-t-elle sa place dans le hall de réception de cette institution ? Cette intégration paradoxale peut-elle choquer les clients ? Voilà quelques questions cruciales posées par des adultes bien intentionnés, mais hésitants.

Comme on s'éloignait de l'essence du projet, soit l'Espace créateur des Enfants, Séguin Poirier, souvent conciliateur, énonce la proposition suivante :

« Laissez-moi installer l'œuvre et voyons les réactions. » Défi accepté, défi exécuté !

Les commentaires fusent, spontanés et élogieux. Citons cette dame le jour de l'installation :

« WOW ! Qui a eu cette bonne idée ? ».

En découvrant cette magnifique murale « entre la campagne et la ville » dans un vaste hall moderne d'un grand édifice de Montréal, plusieurs gens d'affaires approuvent avec enthousiasme la vision de cette entreprise qui décide de rappeler à tous ses clients et visiteurs l'importance de faire rayonner l'Enfance au cœur de leur action professionnelle.

En plus de reconnaître un Espace Enfant aux enfants du vaste Québec !

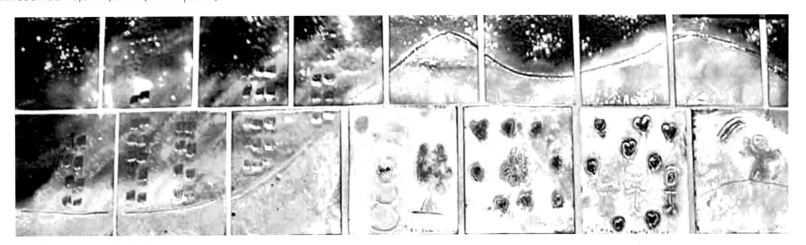

Murales *La campagne, la ville*, avec les élèves de l'école Antoine-de-Saint-Exupéry (Chicoutimi), l'école Golden Valley (Val d'Or), l'école les Bourlingueurs (Montréal), l'école du Plateau (Gatineau), l'école Alfred-Desrochers (Sherbrooke), l'école de l'Estran (Rimouski).
Siège social Raymond Chabot Grant Thornton, 2007
Deux panneaux de 15,3 x 4,57 m (5 x 15 pieds)

Détail de la murale *Nuit*,
Séguin Poirier et enfants

La campagne, la ville
Raymond Chabot Grant Thornton, 2008
2 panneaux de 1,53 x 4,57m (5 x 15 pieds)

  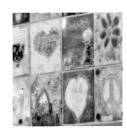   

3. « Je partage mon environnement » - Caisse Desjardins de Rosemont-Mercier

Une cinquantaine d'enfants du personnel de la Caisse Desjardins de Rosemont-Mercier ont réalisé une œuvre inspirée par les thèmes suivants : travail d'équipe, échange avec les différentes nationalités, vision de l'accueil et du partage avec les autres, respect des différences, etc. Au cœur d'une réflexion intérieure et sensible, les responsables du projet ont mis l'accent sur la conscientisation des enfants à des valeurs altruistes, le tout intégré dans une démarche artistique qui valorisait tant le sens réflexif que le sens créatif de chaque enfant.

Je partage mon environnement fut un véritable projet communautaire où acteurs et décideurs ont choisi, ensemble, de mettre l'accent sur les enfants sachant pertinemment que l'amélioration de notre environnement collectif, de notre ouverture aux autres, passe nécessairement par l'éducation de ceux-ci. Quelle satisfaction pour ces artistes en herbe d'admirer leurs petites créations superbement intégrées par le célèbre émailleur Séguin Poirier dans une œuvre originale qui trône fièrement dans la grande salle d'accueil de l'institution financière !

Une lithographie « bijou » de l'œuvre exposée a été offerte aux dirigeants et responsables comme témoignage de reconnaissance pour cette mission accomplie et ce message retenu :

*« Dans le cœur de chaque Enfant, je construis mon environnement
pour pouvoir un jour, le partager. ».*

Caisse Populaire de Rosemont-Mercier, Montréal

Je partage mon environnement,
Caisse Populaire de Rosemont-
Mercier, deux panneaux
de 144 x 122 cm (8 x 4 pieds)

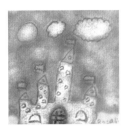  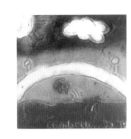 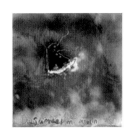 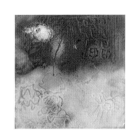 

4. « À l'hôtel » - Hôtel Germain

Puisqu'il est très important pour Séguin Poirier de rendre hommage au travail des enfants, mentionnons un projet fort intéressant réalisé par des enfants d'employés de l'hôtel Germain au centre-ville de Montréal.

Qu'est-ce qui rend un hôtel accueillant et chaleureux pour un enfant ? Sur un grand médaillon artistiquement revampé par notre émailleur en chef Séguin Poirier, un hôtel de rêve est apparu. Qu'est-il devenu ? Mystère…il a disparu !

Souhaitons qu'il soit encore bien vivant dans le cœur des enfants créateurs !

 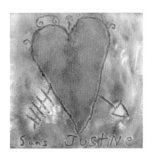

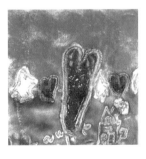 

5. « La Construction » - Commission de la construction du Québec

Le projet réalisé avec la Commission de la construction du Québec fut à l'image de certains chantiers québécois : complexe. Des changements successifs de direction ayant quelque peu ralenti les communications, Séguin Poirier et ses animateurs ont quand même eu le plaisir de rencontrer une soixantaine d'enfants qui ont offert leur créativité à la réalisation d'une œuvre superbe. Quel inspirant chantier « de construction » éclairant désormais la salle à dîner lumineuse du nouvel édifice « vert » ultra moderne de l'organisme québécois !

De ce projet Espace Enfant, Séguin Poirier aime se rappeler des rencontres mémorables avec des êtres très attachants dans cet « univers de gros bras » qui intègre souvent un « univers de grands cœurs », des êtres parfaitement conscients de l'importance de la place des enfants dans la société. De nombreux parents des jeunes artistes approuvent une fois de plus le haut niveau de conscience de certains adultes décideurs concernant des projets qui favorisent la solide « construction » de nos enfants pour l'édification d'une société plus juste et plus harmonieuse.

Faut-il se laisser inspirer par l'authenticité et la créativité des enfants pour créer un véritable environnement Espace Enfant au cœur de nos vies ?

Quel judicieux investissement que ce beau risque !

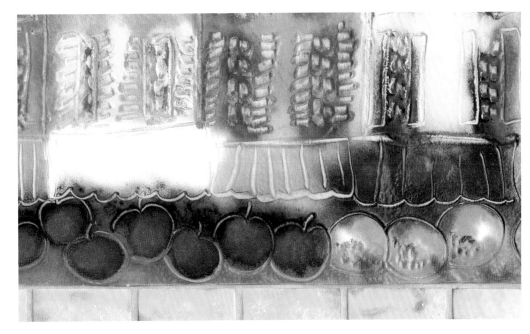

La Construction,
Commission de la construction du Québec, Montréal, 2007
3 x 1 m (10 x 3 pieds)

Détail,
Séguin Poirier

Cafétéria de la Commission de la construction du Québec, Montréal

Ateliers-création, Commission de la construction du Québec, 2007

 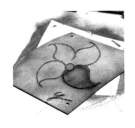    

6. « La Terre nous parle » - Collège Durocher Saint-Lambert

Les préoccupations environnementales sont cruciales au Collège Durocher Saint-Lambert, cette école verte Brundtland (EVB) de Saint-Lambert. Après un premier projet Espace Enfant réunissant les élèves de 1ère secondaire autour du projet *Les Témoins du Temps* (chapitre Temps) pour commémorer les célébrations du centenaire du pavillon du premier cycle, voilà que la direction et les partenaires financiers du collège offrent aux finissants de 5e secondaire l'extraordinaire occasion de créer une pièce qui nous parle de la Terre.

Animés par un Séguin Poirier heureux de rencontrer ces élèves écologiquement dynamiques, les ateliers créatifs se déroulent dans une atmosphère chaleureuse où l'inspiration des jeunes façonne des pièces uniques et magnifiques. Les univers terrestres, aquatiques, aériens et cosmiques rivalisent d'originalité sur des pièces de cuivre aux formes différentes.

Ces quatre-cent-cinquante œuvres environnementales ingénieusement intégrées dans un magnifique et immense mobile enjolivent le spacieux atrium du pavillon Durocher où les élèves des 3e, 4e et 5e secondaires se retrouvent chaque jour pour dîner.

À quand le vernissage ? Des améliorations techniques de l'atrium en ont malheureusement retardé l'organisation. Souhaitons que ce vaste espace favorable aux multiples communications développe un environnement sain, un environnement vert rempli d'espoir !

Un environnement où des adolescents créatifs ont rempli l'Espace de leur talentueuse vision…

Mobile *La Terre nous parle*,
Atrium du pavillon Durocher, Collège Durocher Saint-Lambert, Saint-Lambert, 2011
2 mobiles juxtaposés de 5,5 x 1,80 m, 2 x 182kg (18 x 6 pieds, 2 x 400 lbs)

  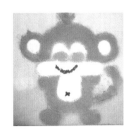   

7. « Environnement du Collège » - Collège Héritage de Châteauguay / Tom et Mike Capelli

À l'occasion du 25e anniversaire du collège Héritage de Châteauguay, plus de deux cents élèves du collège participent à un atelier de création sur leur environnement grâce au projet Espace Enfant. En plus d'une collaboration financière pour l'amélioration du gymnase, messieurs Tom et Mike Capelli, généreux donateurs et propriétaires des restaurants McDonald de la région, souhaitent participer au rayonnement du collège pour en commémorer son 25e anniversaire.

Grâce à une atmosphère très conviviale avec la direction et les membres du personnel, les élèves vivent une expérience artistique mémorable qui laissera une superbe murale en héritage dans un grand corridor de l'établissement.

Les dessins et couleurs représentent l'environnement du collège et les charmes de la nature locale. Séguin Poirier en réalise une éclatante composition visuelle en intégrant un élément qui en dit long sur le climat de cette maison d'éducation. La franche collaboration et le dialogue ouvert entre les jeunes et les membres du personnel ont incité ces derniers à vouloir créer eux aussi leur propre petit cuivre. Activité souhaitée… projet réalisé ! Voici donc un défi additionnel pour le magicien des émaux : l'intégration des nouvelles pièces des adultes au concept déjà dessiné. Comme la souplesse créative n'a plus de secret pour Séguin Poirier, quel plaisir de jumeler tous les talents de ce collège dans une magnifique fresque intergénérationnelle ! De plus, c'est un secret de Polichinelle, le peintre- émailleur adore les grandes familles fusionnées.

Le vernissage de l'œuvre est à l'image du projet : festif et sympathique. Faisant la une des journaux locaux, le rayonnement du projet poursuit sa trajectoire, celle d'offrir un Espace toujours plus marquant aux enfants, aux ados et même aux adultes, si merveilleusement créateurs.

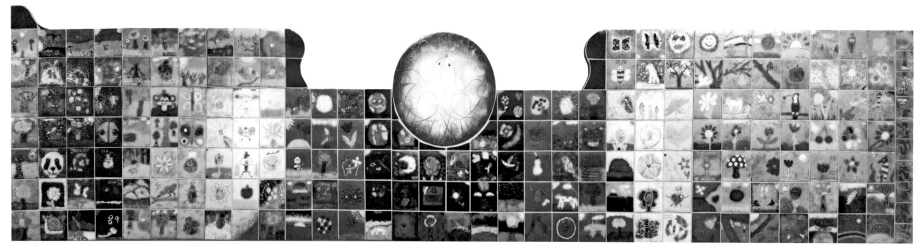

Environnement du collège,
Collège Héritage, Châteauguay, 2012
1,22 x 5 m (4 x 16,5 pieds)

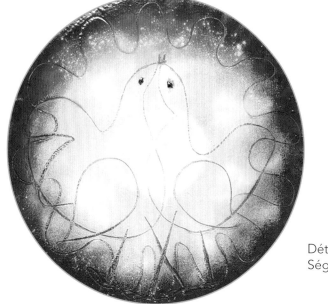

Détail,
Séguin Poirier

Installation de la murale,
Couloir du Collège Héritage

Pendant les ateliers,
Collège Héritage

Galerie Griffin Art, Montréal

8. « Mes passions, mon univers » - École Le Tournesol / CS de la Seigneurie-des-Mille-Îles

Une cinquantaine d'enfants de l'école Le Tournesol à Lorraine viennent réaliser leur projet Espace Enfant à la galerie Séguin Poirier de Griffintown. Cette inoubliable journée leur permet de se familiariser avec les émaux sur cuivre en plus de visiter une immense galerie d'art remplie d'œuvres inspirantes, une inoubliable caverne aux splendides trésors de toutes les couleurs.

Comme à chaque atelier, l'animation de l'équipe Séguin Poirier favorise le respect du thème et permet la réalisation de plusieurs petites pièces lumineuses constituant une murale originale qui ornera un des murs de l'école. Les élèves repartent heureux et satisfaits de cette expérience créative qui leur a fait vivre des moments magiques dans un autre Espace Enfant créatif.

Détails

Mes passions, mon univers,
École Le Tournesol, Lorraine, 2008
154 x 77,5 cm (60,5 x 30,5 pouces)

École Le Tournesol,
Couloir d'installation de la murale

Atelier de l'artiste,
Maison-Galerie-Atelier Séguin Poirier,
Les Cèdres

Les Cèdres

Fidèle à ses lieux d'appartenance, Séguin Poirier voue un grand attachement à sa maison ancestrale de la municipalité Les Cèdres à l'ouest de Montréal. Érigée avant 1793, cette immense habitation de bois a subi des abandons dramatiques et des rénovations successives de ses propriétaires au cours des siècles précédents. Depuis son achat en 1979, l'artiste des Cèdres a constamment amélioré les infrastructures de ce bâtiment classé monument historique en 1982.

Depuis plus de quarante ans déjà, Séguin Poirier est résident de ce petit village pittoresque ayant bercé son enfance puisque sa famille séjournait régulièrement dans cette région magnifique qui a imprimé son âme d'artiste de tous les coloris d'un environnement naturel exceptionnel. Pas surprenant que plusieurs de ses œuvres soient plus grandes que NATURE…

De là à prétendre que les enfants des Cèdres touchent le cœur de notre peintre-émailleur d'une manière toute spéciale, il n'y a qu'un coup de baguette à donner ou, pour faire image, plusieurs petits coups de passoires remplies de poudres lumineuses.

Ces artistes en herbe ont donc façonné deux magnifiques murales, en deux projets distincts.

Maison-Galerie-Atelier de Séguin Poirier (ci-dessus)
La Chapelle émaillée attenante à sa maison (ci-dessous à gauche),
Le jardin privé de l'artiste (ci-dessous à droite),
Les Cèdres

9. « Les Cèdres vu par les enfants » - Hôtel de ville Les Cèdres / Municipalité Les Cèdres

Ce premier projet est réalisé en majeure partie dans une base de plein-air de la région par des enfants heureux d'ensoleiller leur été d'un projet original. Dans une atmosphère chaleureuse, Séguin Poirier et son équipe accueillent des enfants de toutes conditions : joyeux, curieux, mais parfois tristes et désabusés. Il y a peu de spectateurs pour encourager les enfants dans leur création. La présence d'adultes intéressés et concernés par les enfants se fait rare au sein de la machine municipale et plusieurs délibérations étirent les délais de livraison et de localisation de l'œuvre achevée.

Finalement, devant la beauté du travail des enfants ayant magnifiquement présenté leur village, quelques décideurs choisissent d'installer la murale à l'Hôtel de ville. Le vernissage est très discret mais tous les villageois qui ont vu l'œuvre par la suite se disent émerveillés par l'originalité des paysages et des couleurs représentés.

Les couleurs de l'Enfance, au cœur du projet Espace Enfant!

Vernissage de la murale,
Hôtel de ville, Les Cèdres, 2012

59

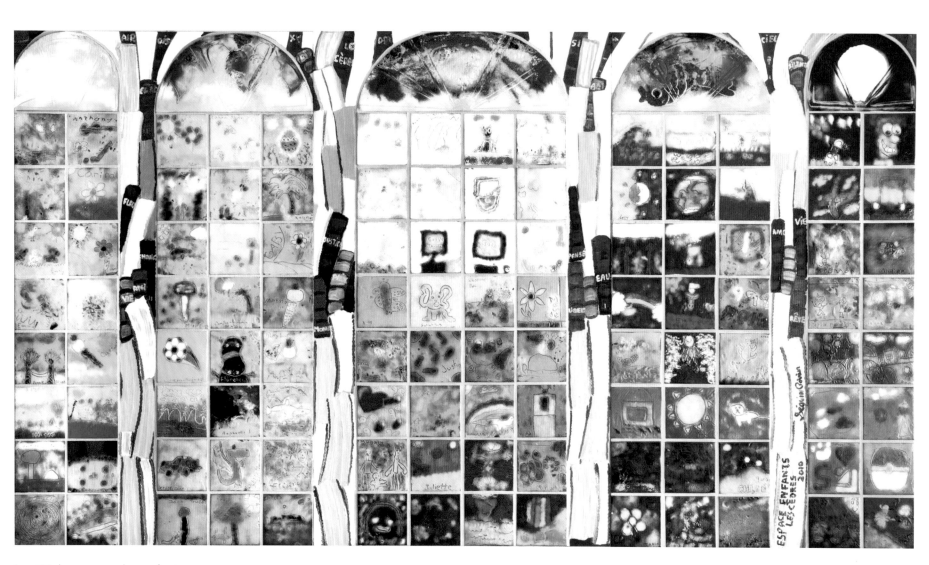

Les Cèdres, vu par les enfants
Hôtel de ville, Les Cèdres, 2009-2012
110 x 236 cm (943 ½ x 93 pouces)

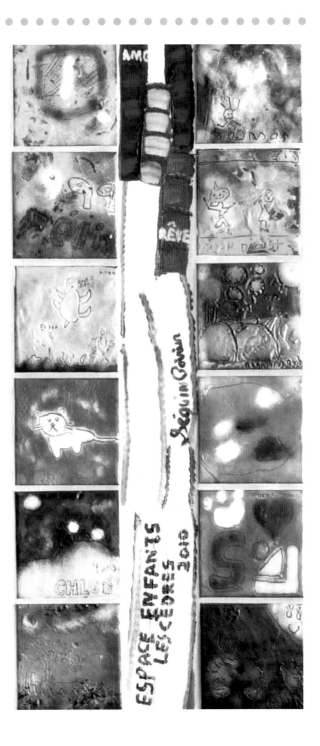

Hôtel de ville, Les Cèdres

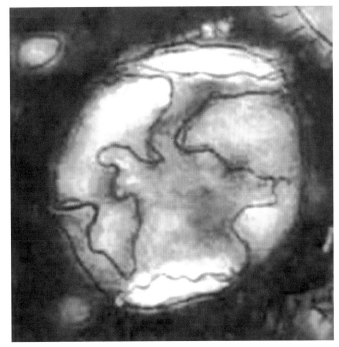

Détails de la murale,
carré : un enfant,
arche : Séguin Poirier

Installation de la murale,
Bibliothèque municipale, Les Cèdres

10. « La communication » - Bibliothèque Ville Les Cèdres / Galerie Séguin Poirier

Le deuxième projet réalisé par les enfants de l'école Marguerite-Bourgeoys dans la municipalité Les Cèdres se déroule dans un lieu magique : la Chapelle émaillée, œuvre magistrale de Séguin Poirier, attenant à la grande maison ancestrale [(7)]. Nul doute que la féérie des œuvres aux multiples couleurs des fêtes du Québec réveille la créativité des enfants en les accueillant dans un écrin magique qui leur offre des journées remplies de joie, d'éclats de rire, de découvertes et de réussites. Des journées qui ont transformé le thème initial des transports en thème général sur la communication. Le monde des communications est fascinant pour les enfants du 21e siècle et constitue toujours un défi de taille pour les adultes !

Heureusement, le vernissage de l'œuvre installée dans la bibliothèque municipale des Cèdres a offert une dynamique opportunité aux enfants et à leurs parents de célébrer cette formidable victoire créative avec plusieurs invités de la communauté. Quelle fierté pour les jeunes que cet Espace Enfant qui défiera le temps au cœur de leur village !

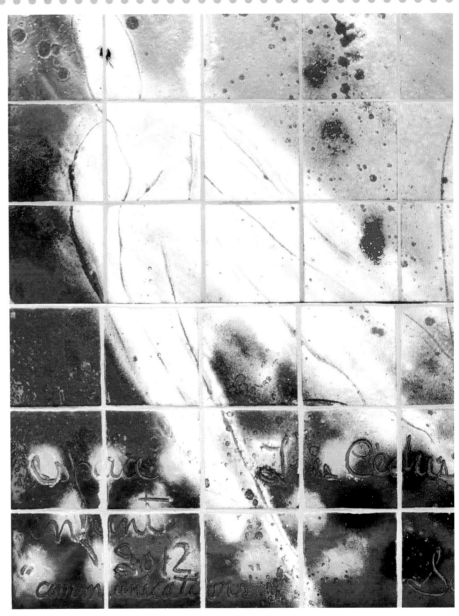

La communication
Bibliothèque municipale, Les Cèdres
122 cm x 244 cm (4 x 8 pieds)

Détail,
Séguin Poirier

Bibliothèque municipale, Les Cèdres, détails de la murale

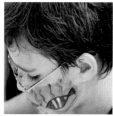

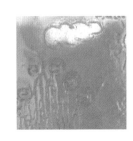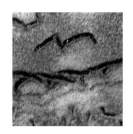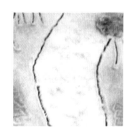

Le projet - AMOUR

Un chapitre « AMOUR » au cœur du premier livre Espace Enfant ne relève pas du hasard puisque toute l'œuvre de Séguin Poirier carbure à cet incontournable combustible : l'Amour.

L'amour de soi…pour l'équilibre.
L'amour des autres…pour le partage.
L'amour de l'Art…pour l'infinie création.

L'amour de soi mieux compris sous le vocable « estime de soi » se révèle un précieux reliquat de l'enfance. Les marques d'appréciation, d'affection et de tendresse maintes fois manifestées aux enfants créent des ondes de sécurité intérieure qui transcendent toute une vie. Intelligemment dosées de douceur et de fermeté, les meilleures règles d'éducation s'imprègnent de clarté, de respect et d'affectivité.

À ceux et celles qui se questionnent encore : la carotte ou le bâton ? J'ose répondre sans prétention mais sans hésitation : une carotte s'il vous plaît ! N'oublions jamais que les enfants sont de merveilleux petits perroquets qui reproduisent toutes les scènes visualisées ou vécues. La génération du « copier/coller » n'est pas différente et la reproduction consciente ou inconsciente des scènes de la vie quotidienne en dit long sur l'histoire d'un enfant.

Apprends-lui la violence…il se cachera, il frappera.

Apprends-lui la tendresse…il s'ouvrira, il aimera de tout son être.

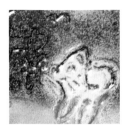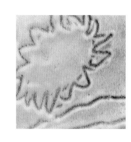

Riche d'une estime de soi équilibrée loin des fontaines narcissiques, l'enfant devenu adulte peut plus aisément aller vers les autres pour partager les trésors et les méandres de la vie. La capacité de partager n'est-elle pas souvent liée au potentiel de bonheur ? Qu'est-ce qui fait qu'on a le bonheur facile ? Qu'est-ce qui fait qu'un rien nous contrarie ? Comment arriver à voir le verre à moitié plein plutôt que le verre à moitié vide ?

Même verre pourtant. Mais quelle vie différente !

Notre capacité à relativiser les différentes ponctuations du manuscrit humain nous permet de choisir le verre à moitié plein et même de le remplir fréquemment pour célébrer la Vie à sa juste valeur. Il devient alors possible de développer une attitude positive propice au bonheur car, s'il est vrai que les gens heureux n'ont pas d'histoire, ils nous paraissent toutefois plus créatifs et semblent aborder la vie avec ouverture et enthousiasme. Deux ingrédients magiques pour une véritable Rencontre !

En harmonie avec soi, quel bonheur de rencontrer l'autre sur la route du partage !

Apprenons le partage…nous grandirons en lui.

Apprenons l'altruisme…nous magnifierons la Vie.

En équilibre avec soi et les autres, l'idéal humain se tisse de multiples expériences et surtout, d'accomplissement. Les créateurs ont cette miraculeuse opportunité de se projeter dans un monde fascinant né de leur imagination, de leur talent ou tout simplement, de leur action.

Qui pense création ne descend pas nécessairement de Michel-Ange, cet artiste plus grand que nature qui personnifie la quintessence de l'Art de la Renaissance.

Dans toute création, il y a la pulsion du créer, la puissance du faire. Rappelons-nous les barbouillis de l'enfance, admirés, encensés, encadrés par des parents admiratifs. Quelle incommensurable satisfaction pour le dessinateur en herbe ! Un souvenir surgit tout à coup, les premières expériences culinaires de nos enfants : des biscuits de Noël barbouillés de sucre rouge et de crème verdâtre qui suscitaient des Oh !, des Ah !, pendant des semaines.

N'en gardons-nous pas, de part et d'autre, d'impérissables images ? L'immense bonheur d'imaginer, de concevoir, de développer une idée, de créer un projet ou une œuvre apporte une immense satisfaction à l'être humain. Des moments de grand bonheur pour les uns, des moments d'éternité pour les autres.

Des moments d'Amour. L'Amour de l'Art d'un grand créateur.

L'Amour d'un acteur de l'art contemporain, de la VIE contemporaine, qui manie les feux d'antan avec la magie d'un sorcier prolifique se transformant en maître d'œuvre d'une autre création plus grande que nature : la murale des 1 509 enfants du Centre jeunesse de Montréal réalisée grâce au talent artistique, à la vision, à la détermination et à l'Amour des jeunes d'un Séguin Poirier… plus grand que nature.

Une œuvre intitulée : CHANGER LE MONDE

Apprends-nous le feu de la durabilité…dans la permanence du changement.

Apprends-nous la force de l'Amour…dans la souffrance des enfants.

Montage de la murale pendant
les ateliers-création
Galerie Griffin Art, Montréal

Interview de Séguin Poirier,
Centre Jeunesse de Montréal

11. « Changer le monde » - Fonds immobilier de la Fédération des travailleurs et travailleuses du Québec (FTQ)

CHANGER LE MONDE…une personne à la fois

La réalisation de l'œuvre collective réunissant 1 509 enfants en difficulté du Centre jeunesse de Montréal est un long processus pouvant constituer à lui seul plusieurs livres passionnants : un sur la gestion de projets, un sur l'importance d'une vision claire des objectifs, un autre sur la gestion du changement et assurément un dernier sur les rouages stratégiques des communications.

Séguin Poirier pourrait probablement collaborer à l'écriture de ces ouvrages et en signer un personnellement sur la détermination et la patience requises pour qu'un projet accoste enfin à bon port. Évidemment, une réalisation de cette envergure ne saurait voir le jour sans la collaboration, l'appui et même la foi d'alliés visionnaires qui décident de demeurer à la proue contre vents et marées.

Après deux ans d'expérimentation de son nouveau projet Espace Enfant auprès de vingt mille enfants du Québec, Séguin-Poirier décide d'approcher la Fondation du Centre jeunesse de Montréal (FCJM) pour proposer à ses membres un projet artistique avec des enfants en difficulté afin de leur offrir l'occasion de créer une petite œuvre personnelle susceptible de s'intégrer à une gigantesque œuvre collective (40 x 12 pi, soit 12,20 x 3,7 m) contribuant au rayonnement des arts et de la culture dans un espace ciblé de Montréal.

Le président de la Fondation alors en poste, monsieur Patrick Palerme, exprime un réel intérêt et un appui solide au projet en favorisant un cheminement efficace des procédures administratives. Il mesure rapidement l'impact d'une telle aventure artistique pour les

    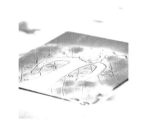 

jeunes et souhaite en assurer la réalisation. Il signe le premier protocole d'entente du projet avec Séguin Poirier au printemps 2009.

Tout conseil d'administration possède ses us et coutumes, ses règles et ses traditions pas toujours évidentes pour la communauté externe. Des notions de confidentialité nébuleuses ou atrophiées minent parfois sérieusement la cohérence des communications. Bref, quand le message est interprétable, les scénaristes à potins s'en donnent à cœur joyeux…ou à langues bien pendues. Conséquemment, les délais des projets s'étirent…

Changement de garde à la FCJM ! Comment poursuivre le projet avec une nouvelle équipe ? Reprenant ses cahiers, ses poudres de couleurs et ses petites pièces de cuivre, Séguin Poirier réussira à mobiliser d'autres personnes, d'autres appuis et des subventions de taille. Quelle énergie et quelle détermination investies dans les innombrables rencontres nécessaires à l'explication récurrente de la démarche tant humanitaire qu'artistique !

Quel puissant leitmotiv pour l'artiste, son équipe d'animateurs et plusieurs responsables du Centre jeunesse Montréal : l'Amour des jeunes !

Salle de spectacles Wilfried Pelletier,
Place des Arts, Montréal

CHANGER LE MONDE…un amour de projet

Pour réaliser et financer la murale « Changer le monde », plusieurs acteurs et décideurs doivent s'allier pour bien lubrifier tous les rouages idéologiques et logistiques d'une démarche complexe. Si la foi peut déplacer des montagnes, il faut ajouter passion et créativité pour déjouer ou nuancer les sempiternelles exigences administratives.

Tout d'abord, le financement : des personnes, organismes et sociétés financent des jeunes au montant de 100 $ par création.

 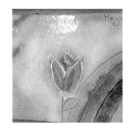    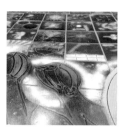

Vernissage de la murale,
Galerie Griffin Art, Montréal, 2010

Les démarches mobilisent de nombreuses personnes croyant viscéralement au projet. Dans ce contexte, un appui majeur vient de TELUS, par le biais de son comité d'investissement communautaire, qui remet 10 000 $ à la FCJM favorisant ainsi la participation de cent enfants. La FCJM apprécie le généreux coup de pouce appuyant cette expérience artistique unique pour des jeunes en difficulté qui rencontreront un inspirant Séguin Poirier, illustre artiste associé à une noble cause, celle de la jeunesse en difficulté.

Qui dit jeunes en difficulté, dit aussi procédures d'encadrement et parfois d'enfermement. Sécurité oblige ! Encore une fois, Séguin Poirier croit en la magie de l'art pour aplanir les vicissitudes de la vie. La plupart des adolescents visitant sa galerie-atelier dans le Griffintown par groupe de vingt se comportent avec ouverture et politesse. Lors des ateliers de deux à trois heures, ils dévorent les explications sur l'art de l'émail sur cuivre et sont fascinés par la puissance des fours de cuisson. Ils réalisent avec plaisir une œuvre de 6 x 6 po (15 x 15 cm) sur leur vision du monde. Et quelle vision !

D'autres rencontres se réalisent en atelier « protégé » où l'artiste et son équipe, souvent constituée de ses fils Yan ou Léandre, se rendent dans des centres sous surveillance pour rencontrer des adolescents perturbés, certes, mais toujours accueillants et curieux. La magie de l'art et l'art du magicien créent des rencontres mémorables, souvenirs impérissables dans le cœur de Séguin Poirier.

Il y aurait une étude psychosociale très révélatrice, mais nullement surprenante, à réaliser sur la majorité des 1 509 petites pièces de cuivre.

Un amour de projet traduisant un tel manque d'amour pour ces jeunes sur 6 pouces carrés : carence d'affection, manque de présence parentale ou d'adulte signifiant, abandon

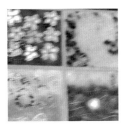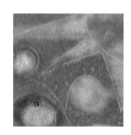

maternel ou paternel, violence physique et psychologique, séisme d'Haïti, dépendances multiples, etc.

Mais aussi des désirs, des rêves : le CH du hockey national, le rêve olympique, les jeux d'équipe, la douceur d'un sourire, la soif d'amour, la musique salvatrice, les paysages préférés, le pays retrouvé, etc.

Toute la richesse et la détresse du monde mises en lumière dans une explosion de couleurs révélant les secrets, les espoirs et les témoignages de 1 509 adolescents qui rêvent de changer LEUR monde…

Quel espoir suscité par la réalisation d'une œuvre personnelle et surtout, et réussie ! Séguin Poirier a maintes fois répété à quel point il est touchant de voir les jeunes apprivoiser la démarche et aussi de lire la fierté dans leurs yeux lorsque leur petite pièce de cuivre sort du four, toute brûlante de leur propre créativité.

Laissons aussi la parole à monsieur Jacques Paget, responsable des familles d'accueil du Centre jeunesse Montréal-Institut universitaire (CJM-IU) : « D'un point de vue clinique, ce sont de véritables petits miracles qui s'accomplissent lorsque les jeunes sont mis en contact avec l'art. La murale Séguin Poirier est une activité rassembleuse qui permet à nos jeunes de s'exprimer et d'avoir un sentiment de réalisation, ce qui a un effet thérapeutique indéniable. »

Changer le monde, un amour de projet : un projet d'Amour pour toute une société !

Les ados participants sur scène, Gala Place des Arts, Montréal

L'une des 999 lithographies tirées de la murale *Changer le monde*

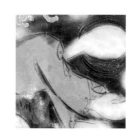

CHANGER LE MONDE…l'art d'un engagement social

Dans cette passionnante démarche artistique et éducative s'étalant sur presque trois ans, il y a des personnes déterminantes et des moments magiques. Des êtres généreux et engagés dans la cause des jeunes en difficulté ont d'abord cru à ce projet « éducartistique » et ont décidé d'accélérer efficacement les processus grâce à la ténacité et aux recommandations du maître d'œuvre Séguin Poirier. Des parrains financiers aux portefeuilles variables endossent la cause et investissent temps et argent pour financer la réalisation de la murale collective. Ces personnes exceptionnelles savent bien qu'elles ont contribué à changer le monde de ces adolescents en carence de réalisation personnelle.

Une fois les 1 509 pièces intégrées dans un concept thématique grandiose et assemblées une à une par un génie créateur hors norme, l'œuvre magistrale est officiellement dévoilée lors de deux importantes célébrations médiatiques.

Tout d'abord, en novembre 2010, à la galerie Séguin Poirier Griffin Art dans Griffintown, plus d'une centaine de personnes assistent un soir d'automne au premier dévoilement de l'œuvre dans une mise en scène inoubliable « à la Séguin Poirier » mettant en vedette une quinzaine d'adolescents, artistes en herbe du Centre jeunesse de Montréal, qui irradient de frénésie et de fierté.

Quel attendrissant tableau que le dépouillement, un panneau de papier journal à la fois, de cette murale démesurée, offertoire de drames humains et de solitude jouxtant paradoxalement toutes les couleurs de l'Espoir…

Présente à ce dévoilement émouvant, j'ai ressenti une immense tendresse pour tous ces jeunes esseulés, forts et fragiles, fiers et heureux d'une telle reconnaissance officielle.

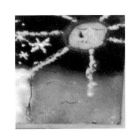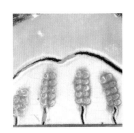

Leur joie contagieuse a touché le cœur de nombreux invités et a aussi contaminé plusieurs responsables médiatiques qui ont décidé, de concert avec la fondation du Centre jeunesse de Montréal, de donner suite à l'organisation d'un grand spectacle bénéfice à la Place des Arts. Cette fête grandiose a permis de présenter la magnifique murale à un plus grand auditoire et célébrer, avec de nombreux jeunes du Centre jeunesse, cette victoire de la créativité sur leur mal de vivre.

Présent à ce formidable concert printanier réunissant plusieurs animateurs, musiciens et chanteurs populaires, notre « bâtisseur de cathédrale » des temps modernes savourait le chemin parcouru et la mission accomplie depuis le printemps 2009 dans la très grande discrétion d'un anonymat que connaissent bien les véritables artistes…

Changer le monde…un enfant à la fois, un adulte à la fois, un projet à la fois.

Changer le monde…l'espace d'un enfant, d'un adolescent à qui NOUS offrons UN ESPACE ENFANT, UN ESPACE…AMOUR.

Plan initial de la murale, Feutre

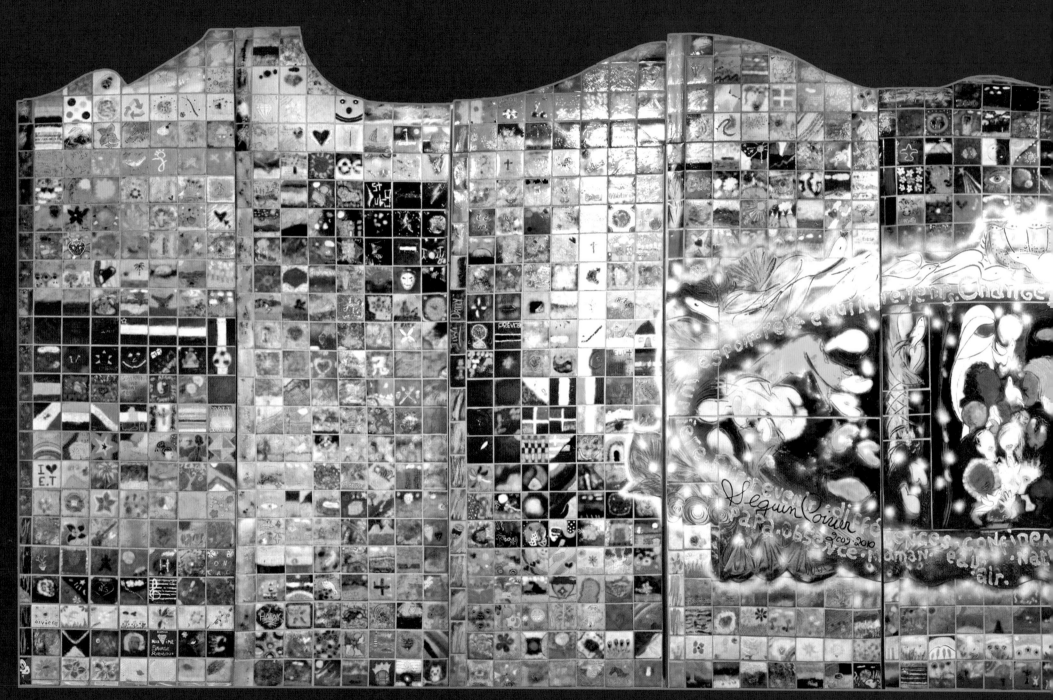

Changer le monde
12,2 x 3,66 m (40 x 12 pieds),
Fonds immobilier de solidarité FTQ 2009-2010

Réalisée par : 1509 enfants et adolescents,
Centre Jeunesse de Montréal
Cœur de la murale : Séguin Poirier

     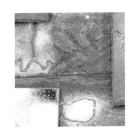

NATURE

C'est une chose de songer que la nature parle et que le genre humain n'écoute pas.
Victor Hugo

La NATURE inspire toujours les artistes et les enfants. Ces derniers la dessinent comme ils la ressentent et heureusement, leurs yeux sont encore remplis de couleur : les teintes des paysages qui leur sont chers, des animaux ou des fleurs qu'ils aiment. Même les habitudes à développer pour protéger la nature revêtent de très précieux coloris pour chaque enfant invité à la réflexion écologique au cœur du projet Espace Enfant.

Ce thème omniprésent dans l'œuvre de Séguin Poirier permet à l'artiste d'établir rapidement avec les enfants une communication favorisant des échanges inspirants. Heureux de cette mise en situation dynamique, les enfants se retrouvent confiants au bout de leur crayon et de leur petite passoire de couleurs pour exprimer leur vision d'un thème chéri : LA NATURE !

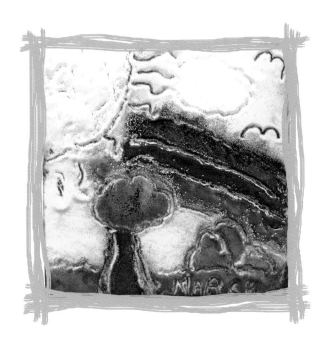

Nature

 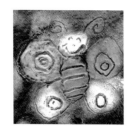 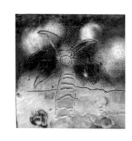   

12. « À travers les feuilles…la VIE » - Laboratoire Biron

Ce premier projet Espace Enfant conçu en 2006 incite Séguin Poirier et son équipe à poursuivre l'aventure mais surtout à y croire grâce aux rencontres signifiantes avec les décideurs de l'entreprise familiale et les parents reconnaissants de cette opportunité offerte à leurs enfants.

Quelle grande satisfaction que ces échanges constructifs avec autrui dans une communion de pensées exempte de tergiversations, de justifications et d'opportunisme ! De belles personnes s'engageant avec confiance dans un Espace où l'Enfant devient Artiste…

Vernissage de la murale

Une cinquantaine d'enfants des membres du personnel de cette entreprise participent donc aux premiers ateliers avec joie et enthousiasme car les adultes responsables ont rapidement saisi l'importance de les accueillir avec bienveillance. Le thème en lien avec la VIE se révèle naturellement inspirant et les enfants font preuve d'une originalité sensible pour nous présenter des fleurs et des feuilles magnifiques.

La superbe murale installée au siège social Laboratoire Biron à Brossard présente un aspect « zen » nous révélant une expérience positive, agréable et signifiante tant pour les enfants que pour les adultes engagés. Et que dire de l'élégant vernissage qui, en plus des bouchées et boissons raffinées, offre aux enfants, tous présents, un inoubliable piédestal à leur créativité. Les organisateurs ont réussi à mettre les priorités sur la sellette : LES ENFANTS !

Chapeau à ce premier projet Espace Enfant qui a donné le ton et la couleur propices à un démarrage réussi !

Chapeau à ces précurseurs motivants, déclencheurs d'un Espace Enfant infini !

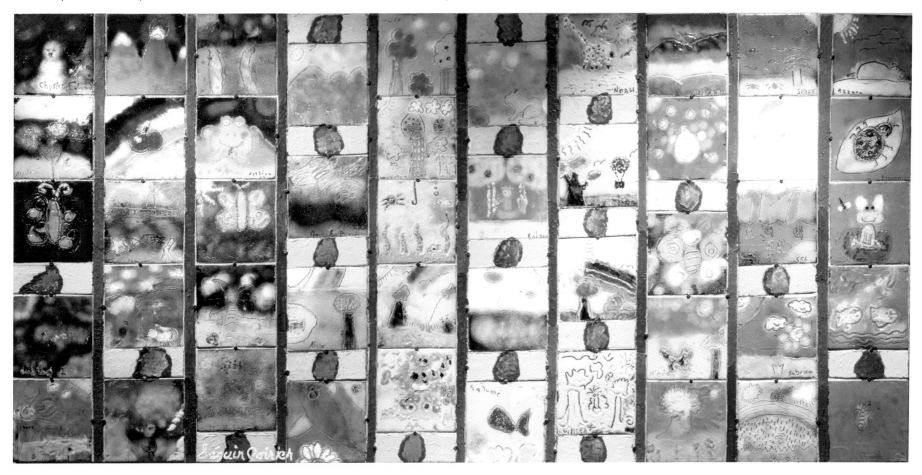

À travers les feuilles…la vie,
Laboratoire Biron, Brossard, 2006
173 x 84 cm (68 x 33 pouces)

Détail,
Séguin Poirier

Laboratoire Biron, Brossard

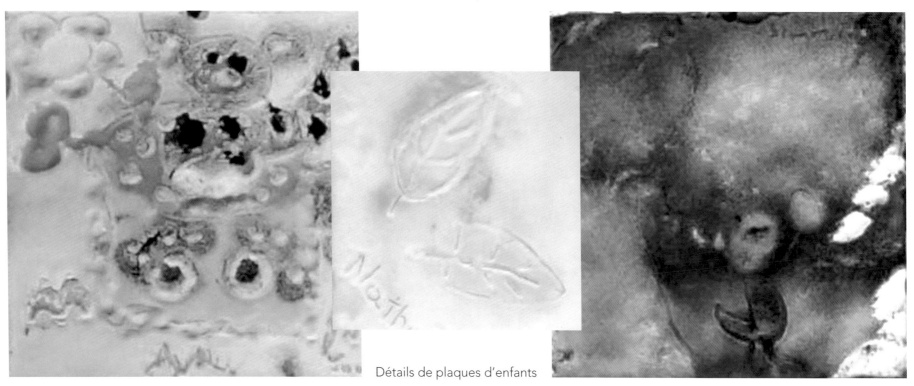

Détails de plaques d'enfants

13. « Animal domestique » - Centre de commerce mondial de Montréal

Une trentaine d'enfants de l'Académie Saint-Clément de Montréal ont la chance de présenter leur animal domestique au sein d'un projet Espace Enfant. Les ateliers se déroulent très bien et le peintre-émailleur peut partager avec les enfants sa passion pour les animaux. L'installation de l'œuvre d'abord prévue à l'école change de destination car les responsables optent pour une « galerie » fort originale : le magnifique Centre de commerce mondial de la rue Saint-Jacques dans le Vieux-Montréal. La murale est donc érigée dans le même couloir qu'une immense sculpture présentant un authentique morceau du mur de Berlin et les enfants s'amusent à comparer leurs dessins avec cette œuvre impressionnante.

Le vernissage fort sympathique rassemble des parents satisfaits et des artistes en herbe très heureux de se retrouver les « vedettes » du jour. En toute simplicité, des gâteries et des petites attentions confèrent aux enfants une place de choix : un véritable ESPACE ENFANT !

Cour intérieure,
Centre de Commerce Mondial, Montréal

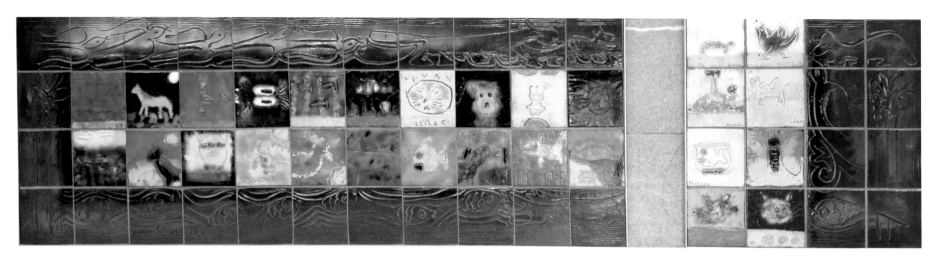

Animal domestique,
Chambre de Commerce Mondial, Montréal, 2007
170 x 63 cm + 63 x 63 cm (67 x 24 ¾ pouces + 24 ¾ x 24 ¾ pouces)

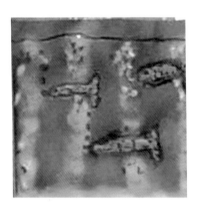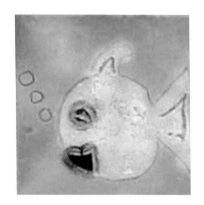

Détails,
enfants et
Séguin Poirier

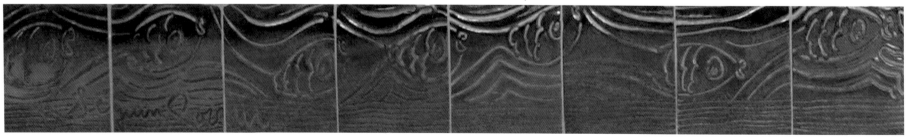

Chambre de Commerce Mondial, Montréal

14. « Sauvons les arbres pour Kyotine et ses Kyotins » - École le Rucher, Sainte-Julie / CS des Patriotes / Transcontinental

Quelle ode à la Nature que cette thématique sur la perception des forêts pour cinquante élèves de l'école Le Rucher à Sainte-Julie ! Quel rappel éducatif du protocole de Kyoto ! Baptisés les Kyotines et les Kyotins par madame Élise Laporte, une enseignante chevronnée et passionnée par le projet Espace Enfant, les élèves ont pu faire une réflexion écologique très pertinente avant de prendre les crayons et les poudres de couleur pour traduire leurs pensées et leur vision créative. Madame Laporte mentionne souvent que ce projet a créé un dynamisme interne signifiant et une conscience écologique durable. Au cours des années subséquentes, plusieurs projets artistiques annexes naissent de cette première expérience grâce à la vision artistique et aux habiletés pédagogiques de l'enseignante qui excelle dans le renouvellement continu de la créativité des enfants.

Tous les membres du personnel de l'école appuient le projet, facilitent l'organisation des ateliers et collaborent à la logistique complexe du vernissage pour accueillir les huit cents parents invités un soir à admirer l'œuvre installée dans la bibliothèque scolaire de leur école.

Au cœur de ce mémorable rassemblement créatif, quelle satisfaction de voir des adultes se serrer les coudes et se donner la main pour « sauver » bien plus que des arbres…

Pour permettre à des enfants de « pousser droit » dans l'Espace de leur développement global.

Détail,
Séguin Poirier

Sauvons les arbres pour Kyotine et ses kyotins,
Bibliothèque scolaire de l'école Le Rucher, Ste-Julie, 2007
1,22 x 2,74 m (4 x 9 pieds)

École Le Rucher,
élèves dans la cour,
détails de la murale

Exposition des dessins pré-ateliers d'émail sur cuivre,
École Le Rucher, 2007

Exposition des dessins post-ateliers d'émail sur cuivre,
École Le Rucher, 2013

Créations des élèves de la maternelle après les ateliers de *Sauvons les arbres pour Kyotine et ses kyotins*, février 2013, École Le Rucher

Annabelle

Rosalie

Télio

Samuel

Emy

15. « Les dessous de la vague » - Centre des loisirs de ville Saint-Laurent, Montréal / Telus

La nature aquatique fait l'objet de nombreuses recherches pour plus de deux cents enfants d'un camp de jour du centre des loisirs de Ville Saint-Laurent. Des animateurs dynamiques collaborent avec Séguin Poirier et son équipe pour que les jeunes puissent produire des pièces originales sur la thématique proposée.

Quel magnifique tableau coloré que tous ces jolis minois cosmopolites penchés sur leur petite pièce de cuivre en suivant les consignes du capitaine du vaisseau Séguin Poirier ! Une expérience d'un multiculturalisme efficace et souvent même émouvant dans une ville qui favorise l'intégration de multiples communautés.

L'œuvre installée à la Maison de la culture de Ville Saint-Laurent donne lieu à un vernissage festif orchestré avec art et finesse. Les jeunes artistes, leurs familles et plusieurs résidents y assistent nombreux et les photos de l'événement offrent un message de paix et d'harmonie qui se passe de mots.

Puisse le vaisseau poursuivre sa traversée humanitaire sur l'immensité des défis d'Espace…et d'Enfant !

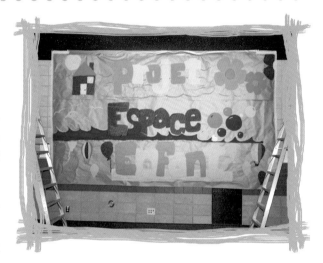

Inauguration de la murale
Les dessous de la vague
Centre des loisirs de ville Saint-Laurent,
Montréal, 2007

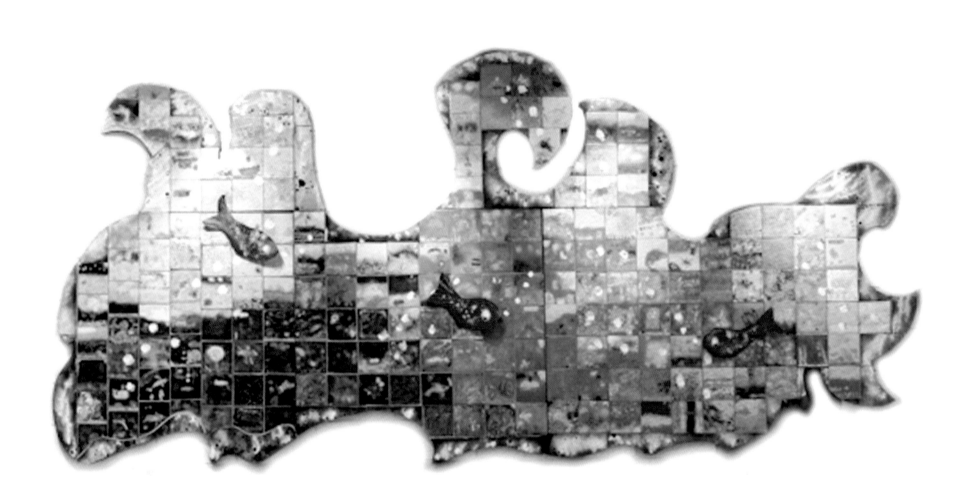

Les dessous de la vague,
Centre des loisirs de ville Saint-Laurent, Montréal, 2007
4,9 x 1,22 m (16 x 4 pieds)

Centre des loisirs de ville Saint-Laurent, Montréal
Salle commune

Vernissage de la murale, centre des loisirs de ville Saint-Laurent, Montréal

16. « Mon plus beau coin de la région » - École Golden Valley / CS Western Québec / Alexandre Roy

La région de Val-d'Or offre une nature inspirante et des paysages magnifiquement reproduits par une quarantaine d'enfants de l'école Golden Valley sous l'animation artistique de l'équipe Séguin Poirier. Avec la collaboration de la direction et de l'équipe-école, les jeunes réalisent des pièces superbes habilement intégrées à l'œuvre collective installée à l'école après quelques délais administratifs et organisationnels.

Les jeunes célèbrent leur créativité au cours d'un vernissage dynamique organisé avec la précieuse coopération des acteurs scolaires. Parents et enfants apprécient grandement la présentation du produit fini par l'artiste-émailleur fort heureux d'un dénouement positif grâce à la contribution financière d'un homme d'affaires de la région, monsieur Alexandre Roy. Quelle joie de porter cet autre projet Espace Enfant dans le grand espace de l'immensité du territoire québécois !

Mon plus beau coin de la région, œuvre non disponible
École Golden Valley, Val-d'Or, 2008, environ 2,22 m² (24 pieds²)

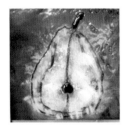   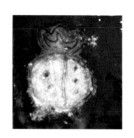 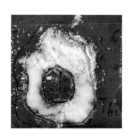 

17. « Les fruits vus de l'intérieur » - École Paul-VI, Boucherville / CS des Patriotes

Voilà un thème inusité pour soixante-trois élèves de l'école Paul-VI de Boucherville. Grâce à l'initiative de deux enseignantes, mesdames Christine Tremblay et Marie-Sylvie Laurin, les élèves réalisent une introspection fruitée révélant des trésors d'imagination. Dans une atmosphère chaleureuse et ludique, sous le regard d'un artiste toujours émerveillé par le talent des enfants, les jeunes créent de nouvelles variétés de fruits gorgés de couleurs et de saveurs. Et quelle satisfaction artistique pour les initiatrices de cet autre projet Espace Enfant !

Afin de bien arroser ces fruits originaux, il est décidé d'installer l'œuvre collective au-dessus des fontaines de l'école. Situées dans le hall d'entrée, elles apparaissent maintenant auréolées de délicieuses couleurs fruitées et suscitent l'admiration de tous les visiteurs et bien sûr, la fierté des jeunes artistes et de tous leurs compagnons.

Orchestré avec délicatesse et efficacité, le vernissage officiel permet aux enfants de « mousser » l'événement en parodiant les « bulles » des grandes fêtes. Des yeux brillants et des sourires de bonheur offraient à tous les convives rassemblés la fraîcheur d'une savoureuse salade de fruits.

Et en permanence, un Espace hommage à la créativité des Enfants !

Vivre seul et libre comme un arbre et...
fraternellement comme une forêt.
Nazim Hikmet

Les fruits vus de l'intérieur,
école Paul-VI, Boucherville, 2011-2012,
2 x 46,5 x 160 cm (2 x 18 ¼ x 63 pouces)

École Paul-VI, Boucherville,
Installation de la murale au-dessus des fontaines

Atelier-création,
ancienne galerie Séguin Poirier sur la rue
Sherbrooke, Montréal

Il n'y a pas de problèmes,
il n'y a que des solutions!

Ce très célèbre poème de Khalil Gibran nous rappelle la beauté et la souveraineté de l'Enfance. Quel apaisement que cet état d'âme offrant une escale, un refuge réconfortant, pour tout adulte capable de retrouver les doux souvenirs, les trésors simples des premiers frémissements de la vie ! Encore faut-il pouvoir les extirper de sa mémoire pour en ressentir tous les bienfaits…

Ce retour à l'Enfance se réalise facilement pour Séguin Poirier car son propre coffre aux souvenirs regorge de précieux trésors soufflant sur l'infini brasier de son art. Est-ce cela qui allume son regard lorsqu'il anime un atelier Espace Enfant avec une touchante tendresse pour les enfants en général et les enfants créateurs, en particulier ? Il est permis de le croire car son aisance à saisir l'inspiration ou l'hésitation du moment offre aux enfants qu'il rencontre un espace-temps d'une inestimable qualité. Un Espace Enfant de zones de bonheur et d'images à préserver pour références ultérieures, à l'âge adulte…

Les projets répertoriés sous la bannière ENFANCE ne sont pourtant pas tous magiques et idylliques. Certains ont été réalisés dans des contextes de tristesse, de maladie ou de disfonctionnement organisationnel. Ce qui relève de la pure magie de l'âme humaine, c'est la métamorphose naissant du regard d'un enfant sur une situation souvent mal jaugée par les adultes. Que dire devant un enfant très malade qui n'a pas le temps des tracasseries logistiques et qui s'exclame : «Arrêtez de vous chicaner, c'est ma journée ! »

Les enfants sont souvent des philosophes accomplis. Des exemples vivants.

Des modèles inspirants …

Les projets - ENFANCE
18. « Le jeu » - Centre de cancérologie Charles-Bruneau, CHU Sainte-Justine / partenaires multiples

Le Centre de cancérologie Charles-Bruneau du Centre hospitalier universitaire (CHU) peut s'enorgueillir d'une magnifique murale réalisée par 560 enfants de quelques écoles de Montréal et des banlieues, de même que plusieurs jeunes patients en hémato-oncologie de l'Hôpital Sainte-Justine. Le courage et l'inspirante détermination de ces derniers sont de puissants moteurs de résolutions de problèmes pour atteindre les objectifs de création particulièrement prioritaires pour ces enfants malades. Malgré la maladie, la souffrance et même la mort qui rôde, quelle leçon de Vie et de persévérance que les sourires lumineux de ces petits êtres forts et fragiles qui comprennent l'urgence du moment présent et l'intemporalité d'une œuvre d'art.

Et que dire de leur motivation à inventer et réinventer le jeu !

Justement, Séguin Poirier et son équipe d'animateurs empathiques savent entrer dans leur Espace Jeu : ils savent accueillir, écouter et réconforter plusieurs enfants inquiets. Non pas des bactéries, solutés, médicaments ou protocoles mais bien de ne pouvoir terminer leur petite œuvre personnelle qui se métamorphosera en grande œuvre collective sur un mur important de la communauté médicale de Montréal. Quel incroyable accomplissement pour eux ! Un cadeau de taille pour des enfants qui ont besoin de projets emballants et de rencontres chaleureuses et signifiantes. Des enfants qui s'illuminent devant leur propre création, qui s'émerveillent dans un univers de Beauté qu'ils ont créé ! Toute la tribu Séguin Poirier de cette période frissonne encore en se

remémorant les souvenirs émouvants de ce périple créatif au cœur des véritables artères de la vie : la VIE elle-même !

Les images choisies pour illustrer bien timidement cette exceptionnelle aventure témoignent de la sensibilité et de la ténacité de Séguin Poirier qui aurait pu, mille fois, céder aux nombreuses exigences logistiques des uns et des autres pour des motifs valables ou discutables et ainsi interrompre le cheminement du processus. Son amour des enfants étant aussi intense que sa passion pour son art, la créativité des solutions côtoie celle des petits artistes pour le plus grand bonheur de tous les acteurs et décideurs de cet inspirant projet Espace Enfant.

Le vernissage rassemble des enfants heureux, des parents fiers et des responsables satisfaits d'un superbe événement très médiatisé, aboutissement d'une démarche complexe qui révèle, ce soir-là, un témoignage humanitaire évidentpour tous les invités. En présence de messieurs Pierre Bruneau et Raymond Bachand, le directeur du CHU, monsieur Khiem Dao, transmet son appréciation sincère et sa grande reconnaissance à toute l'équipe Séguin Poirier pour l'heureux dénouement de cette édifiante création artistique.

Grand facteur de réussite, mentionnons un financement très généreux des mécènes monsieur Jean-Houde, de Construction Jean Houde Prestige Inc., madame Caroline Salette de RE/MAX Royal (Jordan) Inc., ainsi que monsieur Sylvain Dansereau du Fonds promotionnel RE/MAX Inc., qui permet à la Galerie Séguin Poirier de faire preuve à son tour d'un généreux don de 20 000 $ à la Fondation du Centre de cancérologie Charles-Bruneau.

Et, comme dirait Séguin Poirier :

« Merci aux Enfants pour l'ultime générosité de leur Être ! »

Le jeu,
Centre de Cancérologie Charles-Bruneau du CHU de Sainte-Justine, Montréal, 2007-2008
Environ 12 m² (130 pieds²)

Détail

Hôpital Sainte-Justine,
salle de jeu du Centre de
Cancérologie
Charles Bruneau

Pierre Bruneau et une fillette,
Le ministre Raymond Bachand, Pierre Bruneau, Séguin Poirier,
Khiem Dao (Directeur général du CHU Sainte-Justine)

19. « À la manière de Séguin Poirier » - École Terre-Soleil, Saint-Eustache / CS de la Seigneurie-des-Mille-Îles

Siège social de la Commission scolaire de la Seigneurie-des-Mille-Îles, Saint-Eustache

L'école Terre-Soleil de la Commission scolaire de la Seigneurie des Mille-Îles décide d'organiser des ateliers Espace Enfant pour une cinquantaine d'enfants heureux de créer une œuvre de leur choix « à la manière de Séguin Poirier ».

L'artiste animateur se fait donc un plaisir de rencontrer les enfants et de leur présenter quelques œuvres, de leur raconter son parcours artistique, ses thèmes favoris, ses couleurs de prédilection et même les symboles qui l'inspirent. Imaginons un seul instant l'émerveillement des enfants et, par la suite, leur plaisir à créer un dessin sur émail inspiré par le grand maître présent et disponible pour eux.

Une fois les petites pièces harmonieusement intégrées dans l'œuvre finale par l'émailleur en chef, le résultat est tellement enchanteur qu'il est rapidement décidé d'exposer la pièce au siège social de la commission scolaire. La visibilité d'une bonne décision n'est-elle pas souhaitable pour toute maison d'éducation? Surtout si elle s'auréole de la couleur créative des enfants !

Le vernissage fort bien organisé et dynamique rend hommage aux jeunes artistes et se déroule dans une atmosphère chaleureuse à l'image de toute la démarche de cette autre aventure Espace Enfant. Une véritable Fête « à la manière de Séguin Poirier ! »

À la manière de Séguin Poirier,
Commission scolaire de la Seigneurie-des-Mille-Îles, Saint-Eustache, 2009
84 x 122 cm + 61 x 122 cm (33 x 48 pouces + 24 x 48 pouces)

20. « Création Les enfants Saint-Edmond » - École Saint-Edmond / CS Lester B.-Pearson

Les enfants de Saint-Edmond

Plus de trois cents enfants de l'école Saint-Edmond de Beaconsfield participent à un atelier Espace Enfant sur la thématique d'une création libre. Après l'habituelle présentation de son parcours artistique et de quelques œuvres, Séguin Poirier et son équipe accompagnent les jeunes dans une expérience artistique passionnante.

Pendant une semaine, tous les élèves de l'école réalisent leur propre pièce d'émail sur cuivre de 5 x 5 pouces (12 x 12 cm) à la suite des conseils prodigués par l'équipe Séguin Poirier. Lors de la réalisation de leurs projets, les yeux des enfants expriment à la fois la curiosité, la joie et la surprise.

Ils franchissent toutes les étapes de la réalisation : choisir un sujet, étendre de la poudre d'émail, dessiner le sujet avec un crayon à la mine, terminer en saupoudrant des couleurs de leur choix. Toute la démarche est personnalisée et attentive à chaque personne : les élèves en gardent un souvenir impérissable. De plus, ils pourront admirer le produit fini qui ornera un des murs de l'école pour des décennies à venir. « C'est nous qui avons vraiment réalisé cela ! », s'exclament-ils.

Le montage final des petites pièces des trois cent trente-trois élèves se révèle une œuvre d'une grande beauté. Une fois de plus, Séguin Poirier crée une superbe murale collective de sa lumineuse signature toujours inspirée parles couleurs des enfants.

Le vernissage de cette immense pièce se déroule avec les élèves, parents et amis éblouis devant un tel accomplissement. Séguin Poirier et son équipe, présents lors du vernissage, apprécient grandement la reconnaissance de toute la communauté scolaire pour leur travail auprès des jeunes. Les animateurs de la soirée vantent les mérites d'un tel projet culturel et la vision de ses organisateurs et décideurs. Comme le dit si bien Séguin Poirier : « Quoi de mieux pour stimuler la créativité, l'intérêt et la passion chez nos jeunes qu'un tel projet artistique à l'école ! ».

Quel colossal investissement de société que cet Espace de création offert à nos Enfants !

Un Espace de réussite qui nourrit la relève…

Murale Création *les enfants de Saint-Edmond*,
escalier de l'école

École Saint-Edmond, Beaconsfield, Qc

Détail de la murale,
Séguin Poirier

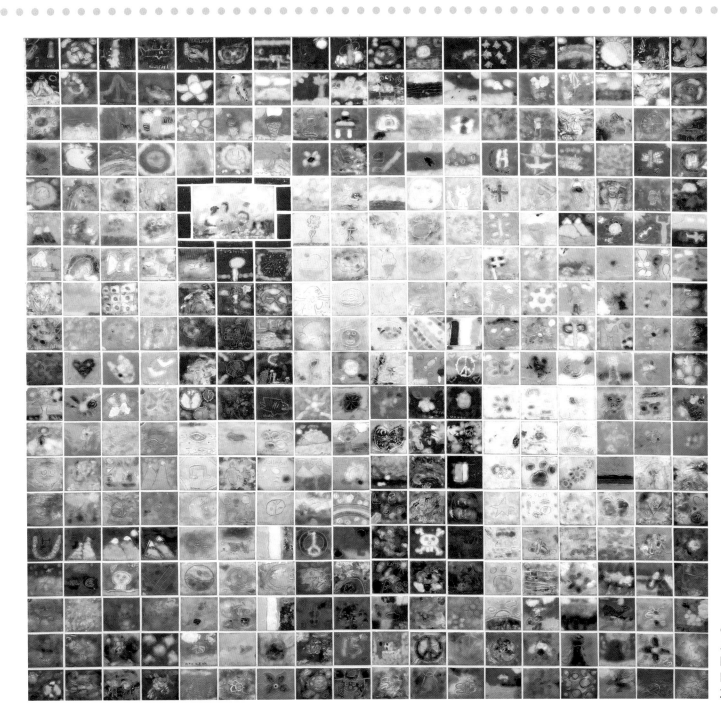

*Création les enfants de
St-Edmond*
École Saint-Edmond,
Beaconsfield, Qc, 2010
2,4 x 2,45 m (94 x 96 pouces)

Détail de la murale *Affiche tes couleurs*,
Séguin Poirier

21. « Affiche tes couleurs » - École du Plateau, Gatineau / Gestion Danyel Dessureault

Grâce aux acteurs scolaires de l'école du Plateau de Gatineau, soixante-douze élèves ont pu « afficher leurs couleurs » dans une atmosphère ludique et formatrice sous la bienveillante attention de Séguin Poirier et de son équipe. Ceux-ci gardent un souvenir impérissable de l'accueil chaleureux reçu au sein de cette communauté heureuse d'offrir une telle activité à leurs jeunes. Impossible de ne pas mentionner le généreux don d'un couple de pharmaciens de la région, Danyel Dessureault et Sandra Nolette, qui financent le projet (voir le chapitre Reconnaissance).

Afin de donner un sens et aussi une solide vision culturelle au projet, les responsables décident d'organiser un exceptionnel vernissage de l'œuvre pendant les Journées de la Culture. Quel succès ! Et aussi quelle grande fierté pour ces jeunes artistes en herbe qui, en plus de créer une œuvre d'art pour leur école, réussissent, lors de ce vernissage rassembleur, à offrir un don pour l'organisme des scouts du milieu.

Quelle grande satisfaction pour toute une communauté scolaire de transformer un Espace de création en Espace de partage !

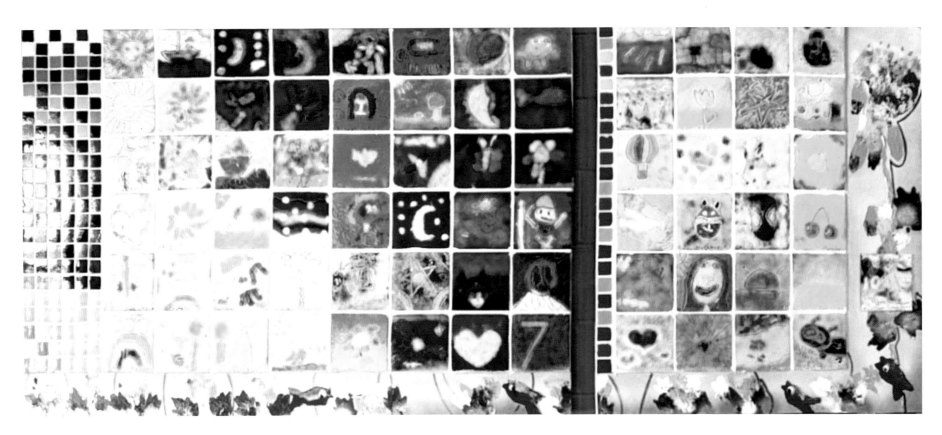

Affiche tes couleurs,
École du Plateau, Gatineau, Québec, 2008
Environ 3 m² (32 pieds²)

Hall d'entrée, école du Plateau, Gatineau

    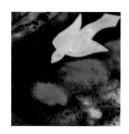 

22. « Dans ta fenêtre » - École Eulalie-Durocher / CS de Montréal / Fondation Réussite Jeunesse

Dans le hall d'entrée de l'école Eulalie-Durocher de Montréal, une murale chatoyante aux vifs coloris attire tous les regards. L'œuvre réalisée par une centaine d'élèves lors d'une activité d'arts plastiques sous la supervision de l'artiste Séguin Poirier illustre leur vision du monde. Ils laissent ainsi une trace de leur créativité mais surtout une réalisation concrète et superbe. Et pour ces élèves qui font un retour courageux à la vie scolaire, il s'agit d'un accomplissement de taille.

Durant l'année scolaire, grâce au financement du Fonds Réussite Jeunesse, une centaine d'élèves, par groupes de vingt, visitent l'atelier du maître émailleur pour réaliser leur vision « Dans ta fenêtre » sur une plaque d'émail sur cuivre. Guidés par Séguin Poirier et son équipe, ils apprennent l'art du dessin en poudre et la puissance du four pour donner forme à leur œuvre. L'artiste assemble par la suite la centaine de plaques colorées autour d'un élément central magnifiquement conçu.

Monsieur Robert Fleury, représentant de la Fondation Réussite Jeunesse a échangé avec ces jeunes décrocheurs sur le sens réel d'une signature. D'une œuvre qui porte LEUR signature, une trace de leur création qui demeurera bien vivante à travers le temps. Le parallèle avec leur propre existence s'impose de lui-même. Quelle signature vos actions laisseront-elles dans votre vie ?

Une question qui fait réfléchir…les petits et les grands !

Robert Fleury,
représentant de la Fondation
Réussite Jeunesse

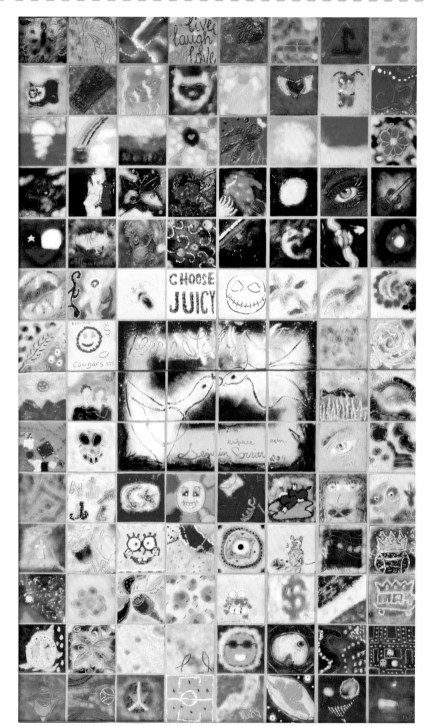

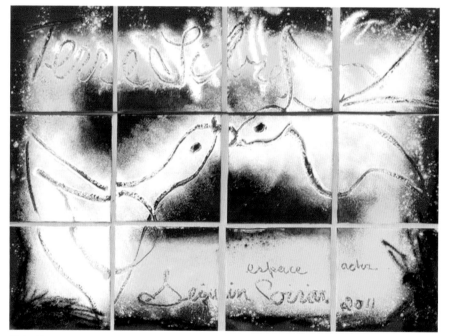

Détail,
Séguin Poirier

Dans ta fenêtre…,
École Eulalie-Durocher, Montréal, 2011
1 x 1,78 m (40 x 70 pouces)

Selon Marie Tremblay, enseignante en arts plastiques qui a accompagné les artistes en herbe, les jeunes sont très fiers de leur réalisation personnelle et collective et ils ont eu beaucoup de plaisir à travailler ce médium. Pour les autres qui n'ont pas eu cette chance, il reste une murale à admirer et d'autres réalisations à cibler !

Espace vital ? Espace intérieur ? Espace créatif ?

Sans contredit, un Espace pour l'Estime de soi…

École Eulalie-Durocher, Montréal, Qc

Inauguration de la murale,
école Eulalie-Durocher, juin 2011

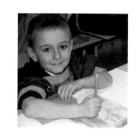

23. « Atteindre son étoile » - Centre hospitalier d'Ottawa / Ivan Boulva et Marie-Claude Lacroix

Ce projet trouve une place de choix dans ce premier livre Espace Enfant car il a été créé pour offrir un immortel Espace Enfant…

Quand un jeune pédiatre talentueux et visionnaire est brutalement fauché par une fulgurante tumeur cérébrale, est-il possible de créer un espace-espoir à sa mémoire ?

Voilà le défi particulier lancé à Séguin Poirier par les parents éplorés du docteur Francis Boulva, madame Marie-Claude Lacroix et son époux Yvan Boulva.

Honoré par une requête parentale imprégnée de douleur et d'amour infinis, l'artiste a rapidement saisi la nature de cet être d'exception, la sensibilité d'une âme-sœur dans sa profonde compassion pour l'Enfant. Pour Séguin Poirier, Francis Boulva vouait un culte à l'enfant et souhaitait que toute la communauté médicale, voire la société entière, saisisse l'incontournable nécessité de prendre soin des enfants malades.

De prendre soin des enfants, tout court.

Ce jeune médecin prometteur avait déjà réussi à conscientiser les administrateurs du centre hospitalier d'Ottawa à l'importance de créer un espace de qualité pour les enfants : un espace personnalisé où la douceur des êtres et l'ouverture des esprits teintent la couleur des murs et la saveur des activités. Un espace-baume qui, sans faire disparaître la maladie, apaise le quotidien des enfants, de leur famille et du personnel soignant.

Grâce à la détermination, au charisme et surtout à la vision claire de ce docteur de la relève, l'hôpital offre désormais un espace physique de qualité dédié aux enfants.

Accordant autant d'importance aux soins du cœur qu'aux traitements du corps, le jeune docteur Boulva soignait les enfants avec l'infinie tendresse qui caractérise les grands médecins… et éveille les grands gestionnaires.

Et, par l'inspiration sensible de l'artiste émailleur Séguin Poirier, le défi créateur est finalement relevé avec brio et le mur d'accueil de cet Espace Enfant hospitalier s'illumine de l'œuvre « Atteindre son étoile » à la mémoire du docteur Francis Boulva, un scientifique créateur qui a atteint son étoile…en laissant vivre les enfants.

À titre d'hommage posthume, une réception grandiose s'organise au Centre hospitalier d'Ottawa pour le dévoilement de l'œuvre éclatante qui rassemble des enfants, véritables anges de couleur, en quête de leur étoile. Beaucoup d'émotion, de gratitude et de respect imprègnent les discours de circonstance.

Au sujet de l'œuvre réalisée, rappelons quelques mots du directeur général de l'Hôpital, monsieur Jack Kitts :

« Par cette œuvre, chaque jour, nous nous rappellerons l'importance de donner tout l'Espace nécessaire au développement des enfants. ».

Perché sur son étoile, le docteur Francis Boulva rêve aux anges et protège leur Espace Enfant…

Atteindre son étoile !
Centre hospitalier d'Ottawa, 2011
91 x 152 cm (36 x 60 pouces)

Centre hospitalier d'Ottawa

24. Club des petits déjeuners, siège social de Boucherville / Galerie Séguin Poirier

La Fondation du Club des petits déjeuners peut compter depuis ses tout débuts sur l'appui inconditionnel de Séguin Poirier pour la cause des enfants qui ont faim et les nombreuses campagnes de financement qui en découlent. Partageant sa passion des enfants avec le président, monsieur Daniel Germain, Séguin Poirier offre chaque année des œuvres pour un encan ou un tirage. Afin de témoigner concrètement son appréciation pour le succès de la démarche, Séguin Poirier réalise aussi une œuvre mettant en scène des enfants multicolores et dynamiques qui inspirent les adultes au siège social de la Fondation.

Lors de l'inauguration de l'œuvre, deux hommes ne reniant pas leur cœur d'enfant portaient fièrement le nez rouge très populaire dans les bureaux du Club des petits déjeuners.

Nul doute que le message véhiculé s'articule autour de la vision suivante :

Aider les enfants, ça rend heureux !

Séguin Poirier y croit depuis plus de quatre décennies.

Séance photo Séguin Poirier et Daniel Germain, président-fondateur, Club des petits déjeuners du Québec

Avec le célèbre nez rouge du Club...

Club des petits déjeuners du Québec,
Boucherville, Qc,
2,74 x 2,44 m (9 x 8 pieds)

   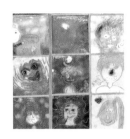  

Les projets - TEMPS

Le Temps. Prendre le temps. Donner du temps au Temps…

Les enfants sont très inspirants en cette matière. Avez-vous déjà vu un enfant stressé par le temps ? À moins d'être bousculé par un adulte pressé ! S'il est vrai qu'ils ont tout à apprendre de cet exigeant exercice de la gestion du temps, quel apaisement de les sentir souvent, hors du temps. Comme des astronautes aux mouvements ralentis, ils savent goûter l'instant d'un baiser aussi bien que celui d'une belle grosse fraise trempée dans le chocolat ! Voilà de fins épicuriens qui savent étirer tous les petits plaisirs de la vie sans aucune contrainte temporelle.

Quel divertissement de jouer avec eux les jeux du temps ! Le passé, le présent et l'avenir se transforment alors en scénarios rocambolesques dont la finale rivalise de créativité avec la réalité. Prendre le temps de l'imaginaire avec un enfant, quel cadeau envoûtant !

Mais aussi quel défi d'abandonner la montre pour s'abandonner à un temps féérique où le Temps s'arrête,

L'ESPACE D'UN ENFANT…

Séguin Poirier rencontre les jeunes pour présenter un Projet Espace Enfant

Temps

Atelier-création,
ancienne galerie Séguin Poirier,
rue Sherbrooke, Montréal

25. « Je dessine l'avenir… » (Projection de soi dans le futur) - Bureau de la Jeune Chambre de commerce de Montréal (BJCCM)

Ce projet réalisé avec des enfants parrainés par l'Association des Grands Frères et Grandes Sœurs de Montréal donne lieu à un atelier fort intéressant pour les enfants et les adultes présents. Séguin Poirier adore échanger avec les enfants sur la notion du temps et la projection de soi dans le futur donne lieu à des propos aussi savoureux qu'enrichissants.

Une fois quelques complications logistiques réglées, l'œuvre très colorée de 61 x 91,5 cm (24 x 36 po) est installée dans les bureaux de la Jeune Chambre de commerce de Montréal. De plus, la création de vingt-cinq lithographies de la mosaïque ajoute au rayonnement de cette autre réalisation du projet Espace Enfant.

Je dessine...l'avenir,
Bureau de la Jeune Chambre de commerce de Montéal, 2006
61 x 91,5 cm (24 x 36 pouces)

Détails de créations d'enfants

Bureaux de la Jeune Chambre de Commerce de Montréal

Détails de créations d'enfants

130

26. « Les témoins du temps » (autoportrait - centenaire du pavillon) - Collège Durocher Saint-Lambert, pavillon Saint-Lambert

Séguin Poirier se souviendra longtemps de cette première rencontre avec les enseignantes des arts de ce pavillon du 1er cycle du secondaire (1ère et 2e secondaires) qui rencontraient le grand maître des émaux pour la première fois. Bonne humeur, énergie positive et curiosité artistique sont les éléments qui séduisent l'artiste et l'incitent à participer activement, par la suite, à toutes les célébrations planifiées pour le centenaire du pavillon. À titre anecdotique, une enseignante délicieusement expressive conclut la rencontre par cette exclamation admirative à l'égard de l'artiste : « Est-ce que je peux vous toucher ? ». Riant de bon cœur, Séguin Poirier savoure les étincelles d'une synergie naissante entre les feux d'un artiste-émailleur passionnant et celui des enseignantes aussi passionnées par les arts que par un nouveau défi à proposer à leurs élèves.

La suite du projet fut tout aussi extraordinaire pour les 468 élèves de 1ère secondaire qui réalisent leur autoportrait en jouant sur le temps : ils doivent se représenter il y a cent ans, aujourd'hui ou dans cent ans. Voilà un exercice s'avérant fort intéressant pour les élèves lors des ateliers de création très efficaces grâce à la préparation pédagogique des enseignantes et l'animation dynamique offerte par Séguin Poirier et son équipe.

Quelques mois plus tard, la direction orchestre, dans le nouvel atrium du pavillon centenaire, un vernissage rassembleur avec tous les élèves de la 1ère secondaire et les membres du personnel. Un représentant par groupe dépouille l'immense murale, un panneau à la fois, treize fois ! Donc, ces treize représentants dévoilent « Les témoins du temps »,une œuvre collective comprenant 480 petites œuvres de cuivre (des adultes

Atelier de création,
murale Les témoins du temps

Installation de la murale dans l'Atrium du pavillon Saint-Lambert

131

ont participé) auxquelles l'artiste a généreusement ajouté de magnifiques éléments décoratifs liés aux cent ans du pavillon Saint-Lambert.

Les jeunes et les adultes rassemblés garderont longtemps en mémoire ce commentaire exprimé spontanément par un élève de la 1ère secondaire :

« Je suis très heureux de réaliser que mon œuvre sera immortelle…et que je pourrai même peut-être revenir la voir un jour avec mes enfants. »

Quelle émouvante sagesse pour une finale intemporelle !

Quel accomplissement pour tous ces jeunes dans un Espace Enfant qui défiera le Temps !

Dévoilement de la murale,
Atrium du pavillon Saint-Lambert

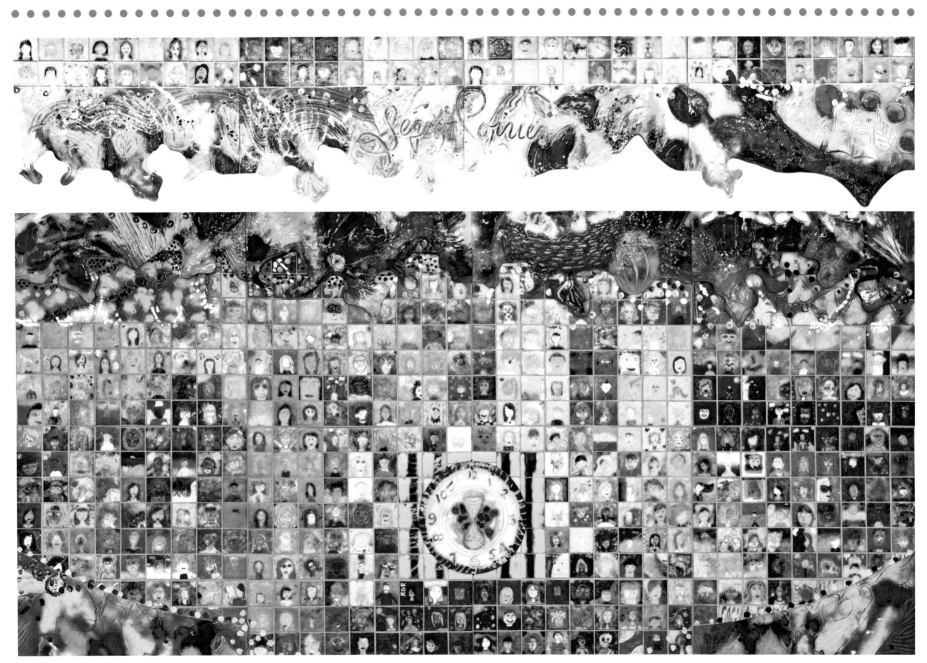

Les témoins du temps,
Atrium du pavillon Saint-Lambert, Collège Durocher Saint-Lambert
4,88 x 3.35 m (192 x 132 pouces)

Collège Durocher Saint-Lambert, Saint-Lambert, Québec

Ateliers à l'école Antoine-de-Saint-Exupéry,
Chicoutimi

Cafétéria de Médiagrif Inc., Longueuil

27. « Les odeurs de la passion » - Médiagrif Inc. Longueuil / LesPac

Initié avec la firme LesPac en 2007, le projet Espace Enfant permet à une cinquantaine d'enfants de l'école Antoine-de-Saint-Exupéry de Chicoutimi de réaliser avec une grande créativité la murale « Les odeurs de la passion » en hommage à la nature foisonnante de la région et aux rites autochtones.

Cette œuvre colorée traduit bien la joie de vivre des gens de ce coin du Québec et, en la regardant, on peut aisément sentir et ressentir les odeurs de la VIE.

Pour la suite des étapes habituelles de ce projet artistique, des changements de garde ralentissent le cheminement habituel des opérations et, après plusieurs tergiversations administratives, la murale est finalement inaugurée au printemps 2012 dans la cafétéria de la firme Mediagrif Inc. de Longueuil qui s'est portée acquéreur de LesPac. Les membres du personnel présents ce jour-là sont ravis qu'un tel arc-en-ciel de lumière éclaire dorénavant leur repas quotidien. Quant aux « odeurs de la passion », l'histoire ne divulgue pas les recettes du chef mais la couleur des murs vivifie l'atmosphère.

Et qui sait ? « Les odeurs de la passion » insufflent peut-être une motivation inspirante aux employés de Mediagrif Inc.

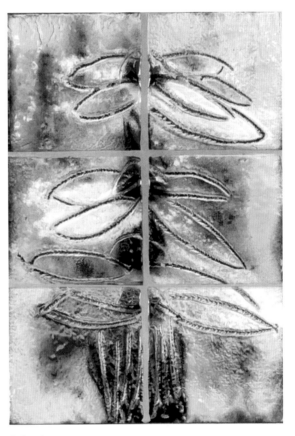

Détail,
Séguin Poirier

Les odeurs de la passion,
Cafétéria du siège de Médiagrif Inc.
Longueuil, 2007-2012
1,22 x 2,44 m (48 x 96 pouces)

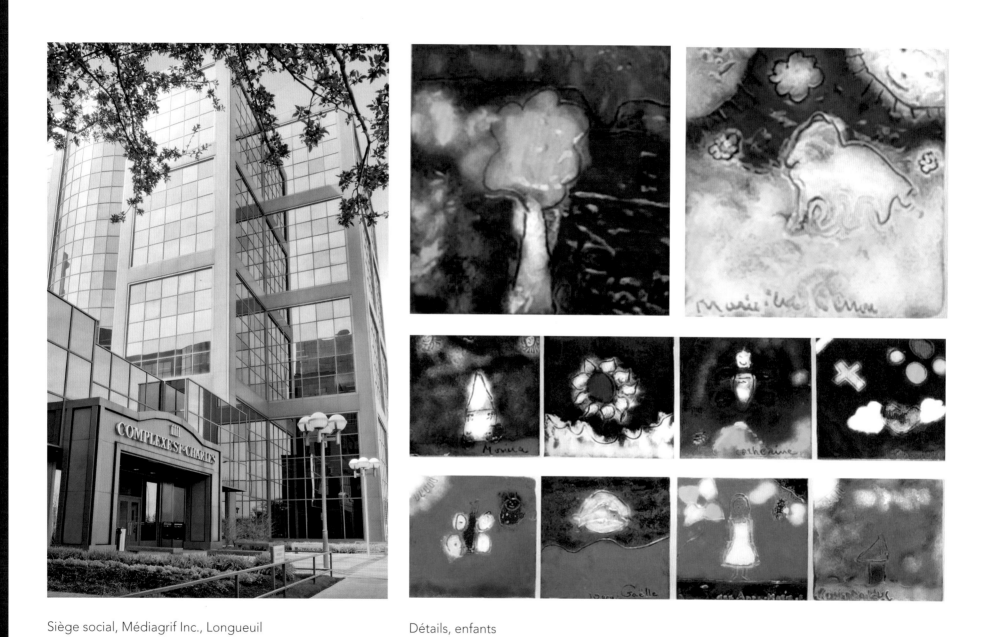

Siège social, Médiagrif Inc., Longueuil

Détails, enfants

 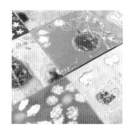    

28. « La couverture raconte » (communauté, famille, ethnicité et culture) - Restaurant McDonald de Châteauguay / CS New Frontiers / Tom et Mike Capelli

Grâce à la grande générosité d'hommes d'affaires de la région, messieurs Tom et Mike Capelli, 150 enfants de quatre écoles de la commission scolaire New Frontiers réalisent avec brio une mosaïque représentant une courtepointe sur les thèmes de la communauté, de la famille, de l'ethnicité et de la culture. Les ateliers créatifs se déroulent dans une atmosphère très dynamique grâce à l'efficacité et au professionnalisme des responsables scolaires.

Avec les petites pièces de cuivre colorées de VIE, Séguin Poirier produit une œuvre vivante et joyeuse qui illumine un mur du restaurant McDonald de Châteauguay. Le vernissage planifié avec les élèves au restaurant se déroule dans une atmosphère chaleureuse bien orchestrée par les organisateurs. L'animation dynamique du clown en chef de McDonald, affublé de son nez rouge légendaire, charme les petits et les grands et offre à tous une célébration digne des plus beaux souvenirs.

Il faut toujours se méfier de juger les « contenants »…c'est le contenu qui importe !

Séguin Poirier, Tom Capelli et son épouse Karen, son frère Mike Capelli et le clown officiel McDonald

Léandre-Alexis Chénard Poirier et le clown McDonald

141

Séguin Poirier et l'enseignante en arts plastiques de
l'école, Renée Lapointe

Classe d'arts plastiques,
Séminaire Le Salésien

Un grand projet d'équipe créant une Ode à un Espace Enfant de qualité !

La rumeur dit que l'œuvre installée au séminaire pourrait éventuellement s'entourer de nouvelles petites sœurs « Séguin Poirier »…

« Un retour au Salésien ? Un bonheur ! », dit l'éducateur-émailleur.

La salle Père Décarie, un lieu vivant
Ma passion au Salésien, Séminaire Salésien

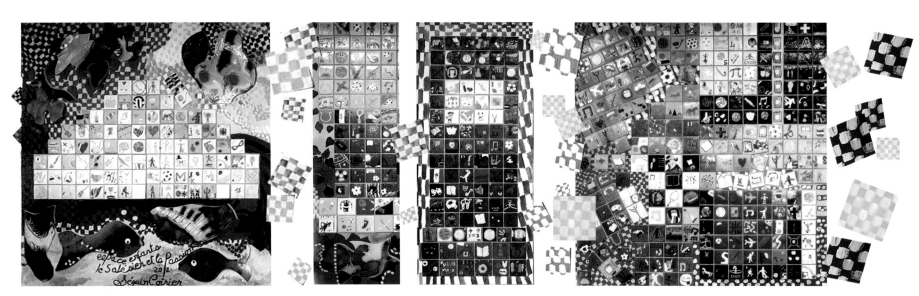

Ma passion au Salésien,
Salle Père Décarie, Séminaire Salésien, Sherbrooke, 2012
Environ 20 m² en 4 panneaux (soit environ 215 pieds²)

Détail,
Séguin Poirier

Détail,
panneau droit

Séminaire Le Salésien, Sherbrooke

Séguin Poirier et l'enseignante en arts plastiques de l'école, Renée Lapointe

Classe d'arts plastiques,
Séminaire Le Salésien

L'effervescence créative offre souvent à la réflexion un foisonnement d'idées et de projets. L'écriture du premier livre d'Espace Enfant, cette exceptionnelle aventure dans l'espace imaginaire des enfants, déclenche en moi une profonde prise de conscience sur la place de la créativité dans le développement de chaque enfant. L'actualité quotidienne nous rappelle constamment la détresse des jeunes. Notre société souffre de ses enfants.

Pouvons-nous y remédier ? Le voulons-nous vraiment ?

La bonne conscience des uns et des autres suggère évidemment une réponse affirmative à ces questions cruciales. Une fois le « oui, je le veux » prononcé, que faisons-nous concrètement pour nourrir, consolider et protéger le développement optimal de nos enfants ? Quel matériau choisissons-nous pour construire notre propre intelligence émotionnelle, celle qui inspire et guide les êtres humains ? Une fois les besoins physiques du corps comblés, qu'offrons-nous à l'esprit, au cœur ?

Que de passionnantes discussions autour de cet incontournable débat philosophique ! Des échanges porteurs d'espoir vécus avec Séguin Poirier qui en a fait l'essence même de son Œuvre au cœur d'une thématique colorée des images de la vie contemporaine. En effet, qu'y a-t-il de plus contemporain que ses scènes de la vie québécoise, depuis quarante-cinq ans ?

Ce grand artiste met en scène dans le ciel de la modernité le plus bel arc-en-ciel de la Vie : les Enfants, la Nature, la Fête, l'Espoir et bien sûr, l'Amour…

En ce début de XXIe siècle, personne ne remet plus en question le rôle social du créateur, son rôle « éducartistique », véritable panacée pour donner aux enfants, entre autres, la sérénité de l'élan créateur. Mais, une fois encore, de multiples impératifs parentaux, éducatifs, technologiques et sociaux imposent à toute une société de reconsidérer la valeur artistique dans le cheminement de ses choix.

Les nombreuses réalisations des projets Espace Enfant confirment l'importance d'une mise en situation dynamique comme déclencheur de connaissance et d'estime de soi. Une authentique relation de confiance établie avec les jeunes ne vaut-elle pas toutes les communications « web » de ce siècle technologique ? Pour prendre soin de nos enfants, rien ne vaut la présence d'êtres signifiants.

Pour prendre soin de leur équilibre intérieur, l'aventure de la Créativité est un merveilleux voyage…

Voilà pourquoi, à la lumière des expériences passées et partagées, forts de quarante-cinq ans de multiples associations philanthropiques et caritatives, de trente-cinq années d'un parcours-passion en éducation, Séguin Poirier et moi-même avons décidé, ensemble, de développer, structurer et promouvoir le parcours créatif des enfants du Québec, voire de la Terre, par la création de…

LA FONDATION ESPACE ENFANT.

Cette autre passionnante aventure conjuguant mission et vision au présent et au futur, née d'une longue gestation d'expériences passées et d'une passion commune pour les Enfants, témoigne d'une solide volonté organisationnelle de créer des projets, des projets et encore des projets.

Des projets d'ESPACE…

Des projets d'ENFANTS…

Des projets de SOCIÉTÉ…

POUR DONNER TOUJOURS PLUS D'ESPACE AUX ENFANTS !

ÉPILOGUE

Quel feu d'artifices que ces petites et grandes fresques incomparables, riches de leur unicité, de la pure beauté de ces petites pièces de cuivre que chaque enfant-artiste signe dans ces premiers projets ESPACE ENFANT !

Quel spectacle attendrissant que ces mignonnes frimousses concentrées sur le saupoudrage des poudres d'émail…avec des yeux aussi lumineux que tous les flacons de couleurs réunis !

Quel privilège de raconter les débuts d'une si belle aventure en colorant son inspiration de la généreuse palette de l'œuvre de Séguin Poirier : une œuvre magistralement contemporaine s'échelonnant sur quarante-cinq ans d'engagement artistique !

Et pour moi, quel grand bonheur de puiser dans ma propre malle d'expérience tous les apprentissages acquis par le passage du temps dans le passionnant monde de l'Éducation !

La rencontre de l'Art et de l'Éducation : un rendez-vous déterminant ! L'univers de Séguin Poirier est parfois associé aux caractéristiques de l'art naïf par ses personnages candides évoluant dans un kaléidoscope de couleurs vives. Les enfants ou les adultes sensibles au monde de l'enfance adoptent rapidement les œuvres de l'artiste-émailleur et prennent aisément le chemin d'un tableau sur les ailes d'une colombe, la ouate d'un nuage ou la musique d'une fête. Toutefois, ne nous méprenons pas : la couleur enfantine des œuvres de Séguin Poirier n'a rien de candide. Elle émane du feu sacré enflammant tout l'Œuvre de cet incomparable alchimiste qui puise sa force dans les profondes racines de l'Enfance.

Cette énergie du feu qui coule dans les veines de ce forgeron des temps modernes a provoqué, il y déjà six ans, un remue-méninges sur le sens de son engagement artistique. Philosophe dans l'âme, Séguin Poirier s'interroge constamment sur le sens de sa vie, de son œuvre, de ses projets et de son engagement créatif dans la grande murale sociale.

Depuis de nombreuses années et parce qu'il croit à la polyvalence de l'artiste, Séguin Poirier s'est engagé dans plusieurs causes culturelles et sociales touchant ses valeurs et ses convictions. Les exemples se déclinent par centaines et de nombreux chefs d'entreprise ont pu compter sur le professionnalisme et le talent de cet artiste déterminé qui fait toujours preuve d'audace et de créativité dans la recherche de solutions. Après quarante-cinq ans de généreuses associations et de parcours aussi variés que ses thématiques, le maître-émailleur décide, en 2007, d'accorder une priorité à ce qui a toujours donné un sens à sa vie : LES ENFANTS !

Le grand manitou du Feu est inextinguible sur ce sujet. Convaincu que des actions concrètes doivent être posées pour consolider les fondations d'un être humain, Séguin Poirier décide d'y consacrer temps et énergie et de s'investir dans une démarche socio-artistique continue qui ne sera pas un feu de paille.

Déjà en gestation depuis plusieurs années, la naissance du projet Espace Enfant ne surprend nullement les proches et les amis de Séguin Poirier qui connaissent sa passion pour les enfants. Quant aux partenaires professionnels, ils sont ravis d'une telle initiative comme enrichissement de l'espace collectif et appuient ce nouveau projet porteur d'une vision culturelle, communautaire et surtout, éducative.

À cet égard, tous les milieux scolaires qui ont décidé de comprendre, d'apprivoiser et d'accueillir un projet Espace Enfant ne tarissent pas d'éloges sur les retombées éducatives positives vécues par les élèves et les membres de toute l'équipe-école. Au cours de la première analyse des projets en prévision de l'écriture de ce premier tome, de nombreux témoignages d'appréciation, à générations variables, offrent une reconnaissance soutenue à l'artiste et ses collaborateurs qui maintiennent la flamme en conservant bien vivante l'étincelle de l'amélioration continue.

Pourquoi poursuivre les projets ESPACE ENFANT ?

Parce que le Québec est grand,

La Terre invitante,

Et…

Nos Enfants ont besoin d'ESPACE de création

Notre ESPACE a besoin des Enfants

Notre Vie a besoin d'un ESPACE pour l'Enfance

Notre Enfance a besoin d'un ESPACE pour créer

Notre Créativité a besoin d'un ESPACE pour éclore…

Et tous les Enfants du monde ont besoin d'un ESPACE ENFANT pour s'aimer, pour AIMER…

CONCLUSION

Nos remerciements vont tout d'abord à la famille de Séguin Poirier. À ses enfants : Anne-Séguin, Félix-Alain, Yan-Morin, Léandre-Alexis et Bénédicte, ainsi qu'à Suzanne Chénard, son épouse et muse, pour leur aide, leur soutien moral et leur amour des projets de l'artiste.

Merci aux généreux partenaires, entreprises, écoles, et autres structures publiques et privées, ainsi qu'à tous les partenaires anonymes et particuliers qui ont cru aux aventures fantastiques des Projets Espace Enfant de ce livre :

-Le Fonds Immobilier de la FTQ

-Tom et Mike Capelli (McDonald Châteauguay)

-RE/MAX Fonds promotionnel Inc.

-RE/MAX Royal (Jordan) Inc.

-RE/MAX du Cartier R.N.Inc (Richard Neault)

-Jean Houde Construction Prestige Inc.

-La Chambre de commerce de Montréal & la Jeune Chambre de commerce de Montréal

-La Commission de la construction du Québec (Montréal)

-Les laboratoires Biron

-Telus-Transcontinental

-La Caisse Desjardins Rosemont-Mercier

-Distribution Noryves Inc.

-Gestion Danyel Dessureault

-La Fondation Réussite-Jeunesse, Coca-Cola

-Médiagrif Inc. & Les PAC

-Pfizer Canada

-Raymond Chabot Grant Thornton

-Le CH d'Ottawa

-Le CHU de Sainte-Justine (Montréal)

-La Fondation Charles-Bruneau (Montréal) et Pierre Bruneau

-La Fondation LEUCAN (Montréal)

-La Fondation Marie-Vincent (Montréal)

-Les patients en hémato-oncologie de l'hôpital Sainte-Justine (Montréal)

-Aéroports de Montréal (ADM)

-La bibliothèque de la Municipalité des Cèdres (Les Cèdres)

-Centraide (Montréal)

-Le Centre Jeunesse de Montréal

-Le Centre de loisirs Ville Saint-Laurent (Montréal)

RECONNAISSANCE

-CLAC de Guybourg (Montréal)

-Le Club de l'école Golden Valley (Val-d'Or)

-Le Club des Petits déjeuners

-Le collège Durocher Saint-Lambert (Saint-Lambert)

-Le collège Héritage (Châteauguay)

-La Commission scolaire New Frontiers (Châteauguay)

-La Commission scolaire de la Seigneurie-des-Mille-Iles

-L'école Alfred-Desrochers (Sherbrooke)

-L'école Antoine-de-Saint-Exupéry (Chicoutimi)

-L'école les Bourlingueurs (Montréal)

-L'école Charles-Bruneau (Brossard, Montréal et Laval)

-L'école Cuillerier (Saint-Clet)

-L'école de l'Estran (Rimouski)

-L'école Eulalie-Durocher (Montréal)

-L'école François-Perrot (Île-Perrot)

-L'école de Gatineau (Gatineau)

-L'école Golden Valley (Val d'Or)

-L'école Marguerite-Bourgeoys (Les Cèdres)

-L'école Sacré-Cœur (Saint-Polycarpe)

-L'école Paul-VI (Boucherville)

-L'école Le Rucher (Sainte-Julie)

-L'école Saint-Edmond (Beaconsfield)

-L'école Terre-Soleil (Sainte-Thérèse)

-L'école Le Tournesol (Lorraine)

-L'hôtel Germain (Montréal)

-l'hôtel de ville des Cèdres (galerie Séguin Poirier)

-Ivan Boulva et Marie-Claude Lacroix

-Les scouts Saint-Raymond (Gatineau)

-Séminaire le Salésien (Sherbrooke)

Merci aux accompagnatrices, accompagnateurs, animatrices et animateurs artistiques, directrices, directeurs, enseignantes et enseignants, parents,

mais surtout,

surtout…

MERCI AUX ENFANTS !

155

BIBLIOGRAPHIE

1. Albert Jacquard, Extrait de *L'Abécédaire de l'ambiguïté de Z à A*. Seuil, 1989.

2. Goleman, Daniel, L'Intelligence émotionnelle : *Comment transformer ses émotions en intelligence*. Paris : R. Laffont, 1997, 421 p.

3. Roger Vigouroux, *La fabrique du beau*, Odile Jacob, 1997.

4. Albert Jacquard, *L'Équation du nénuphar*, Calmann-Lévy, 1998, rééd. Éditions LGF - Livre de Poche, mars 2000.

5. Germain Duclos, *L'estime de soi : un passeport pour la vie*. Édition Le magazine et l'Hôpital Sainte-Justine, collection Parents, 2000.

6. Charlie Chaplin, *My Autobiography* [« *Histoire de ma vie* »], Simon & Schuster, 1964.

7. Bernard Séguin Poirier, *La Chapelle émaillée*, Imprimeries Transcontinental Inc. Litho Acmé, 2003.

Vous faire découvrir ce précieux quatuor ? Avec plaisir !

SÉGUIN POIRIER...notre artiste inspirant-inspiré

Pour Séguin Poirier, ce grand rassembleur, « rassembler » les photos, les couleurs, les enfants et les bonnes personnes pour signer plusieurs créations socio-artistiques Espace Enfant, devient une autre grande réalisation de sa vie. Quelle victoire pour l'artiste de sentir sa vision partagée par de grandes institutions québécoises qui décident de colorer leur environnement d'une œuvre de Séguin Poirier en dédiant un Espace Enfant au cœur de leur imposant monde d'adultes ! Après quarante-cinq ans de projets artistiques continus, ce grand artiste contemporain s'apprête à fouiller sa mémoire encore très vive pour raconter la trépidante histoire d'un battant qui, heureusement, ne sait pas baisser les bras...

CARMEN POIRIER...notre écrivaine « éducartistique »

Pour Carmen, outre le bonheur d'écrire, le sentiment d'accomplissement lié aux objectifs éducatifs du projet Espace Enfant l'inspire du début à la fin du livre. Partager sa passion des enfants et des adolescents en livrant quelques réflexions sur son expérience d'éducatrice s'avère un baume pour l'âme. Et que dire du réel bonheur de mobiliser une équipe grâce à une vision partagée par tous ses membres : Quelle fructueuse épopée ! Et que de projets fascinants en devenir...

ANAËLLE LEPONT...notre adjointe « graphiste-artiste »

Pour Anaëlle, le plaisir de la créativité se révèle dans toutes ses actions. Originale et perfectionniste, elle a la patience d'un ange pour peaufiner les dessins et la présentation graphique. De plus, son amour de la langue française et des mots choisis bien positionnés dans l'espace-livre en font une lectrice sensible, donc compétente...

JOSIANE FARAND...notre photographe

Pour Josiane, la passion de la photographie débute dès son adolescence et se transforme en carrière captivante une fois adulte. Son plus grand défi ? Découvrir l'originalité dans la simplicité. C'est avec rigueur qu'elle illumine ses sujets et en capte l'essence. Certaines photos d'enfant sont de véritables œuvres d'Art...

Équipe Espace Enfant

Cet ouvrage, composé en Avenir LT, et Bernard MT
a été achevé d'imprimer sur les presses
de l'imprimerie Marquis Imprimeur,
Montmagny, Canada
en août deux mille treize
pour le compte
de Marcel Broquet Éditeur